災害時における
介護支援専門員の役割

あのときの私たち、福島で起きたこと

一般社団法人福島県介護支援専門員協会　編集

中央法規

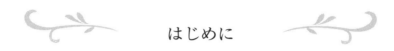

はじめに

　福島県介護支援専門員協会として念願の書籍を出版できることになりました。

　書籍出版に当たり、福島県の介護支援専門員が伝えられることは何なのかを考え、東日本大震災後の原発事故避難者への支援活動事例を通して、私たち介護支援専門員が何ができるのかを皆さんに知っていただけるという思いを込めての出版となりました。

　2011（平成23）年3月11日14時46分におきました震度6強の地震と津波による被災、そのうえ原発事故による原発30km圏内町村民の避難指示。

　生活環境の大きな変化とコミュニティ崩壊そして帰ることのできない故郷。

　心身ともに疲弊している避難者に対して私たちはいったい何ができるのか、考えていることの前に動きながら考えようと動き出し、次から次へと様々なことが起こり、そのたびに対応策を考えながら避難者に寄り添うようにしていくことの難しさを感じました。

　なんと言っても原発事故による避難は、帰る場所が無くなり、将来に不安を抱えたそのつらさを私たちは感じても何も言いようのない未熟さを突き付けられました。

　そのような壁にぶつかりながら、介護支援専門員として避難者とどのようにかかわってきたのかを事例をとおして知っていただき、全国にある原発立地の地域の介護支援専門員に伝え、避難者と向き合っていける活動に役立てていただきたいと思っております。

　自然災害はいつ、どこで起こるかわかりません。福島県のような原発事故は想定できないかもしれませんが、万が一に事故になったら故郷が無くなり、すべてが変わってしまうのです。今も私たちは、変わらざるを得なかった生活を想像し、その避難者に対してできることを一緒に考えながら生活の継続のために活動しています。

　活動は11年経ってもまだまだ続いていることをわかっていただき、読んでいただければ出版した意味があると思っています。

　最後になりましたが、出版に当たり原稿や事例等を執筆いただきました皆さまに、この場をお借りしてお礼を申し上げます。

一般社団法人福島県介護支援専門員協会

会長　菊地　健治

目 次

序章　本書を読むにあたって

1　福島県内における被災状況

　2011（平成23）年3月に起こった東日本大震災は、福島県に大きな被害をもたらしました。福島と震災と聞くと、県外の皆さんには東京電力福島第一原子力発電所の事故の印象が大きく、それ以外にも実は大きな被害があったことを、ご存じないかもしれません。

　図1-1は、県内の震度分布です。震度6強は原子力発電所の立地していた地域のほかにも広がり、建物被害のほかに農業用ため池としてつくられていたダム湖が決壊し7名の死亡者を出すなど、実はさまざまな被害があったのです。また、沿岸部（浜通り）は、津波の被害が大きく、その対応に追われるなかで原発事故が発生しました。しかも当初の情報は不確かなものであったせいで、修正が重ねられ、県民の多くは不信感にとらわれました。

　福島県は北海道、岩手県に次いで3番目に大きな面積をもちます。阿武隈山地と奥羽山脈が縦断し、海側から浜通り、中通り、会津地方に分けられ、それぞれ天候も言葉も文化も大きく異なります。この地形が、放射能の飛散にも影響を与えていたのですが、当時は、原発を中心とした同心円での注意喚起しかなかったため、避難してくる人のために炊き出しをしていた地域が、その後避難地域に指定されるといったことがありました。

　図1-2は、3つの地方と市町村を示したものです。浜通りは震災とその後の津波による被害が大きく、原発の被災者の多くがいわき市へ移り住みました。住み慣れた気候で、なじみの地域でもあったからです。

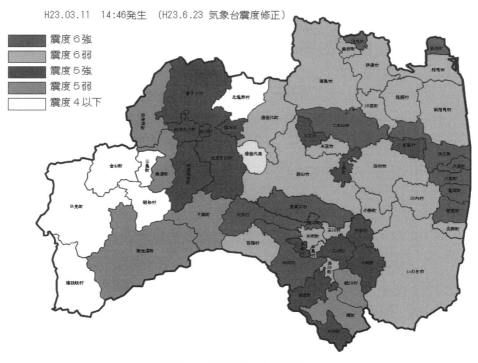

図 1-1　福島県内の震度分布

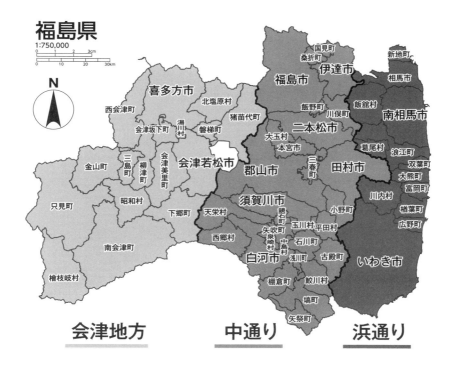

図 1-2　福島県の３つの地方と市町村

　一方、町村によっては、中通り、会津地方へ避難を決めたところもあります。しかし、それを決定するまでにも時間がかかっていました。それも当然です。役場にも避難指示が出され、機能を発揮するための環境もないままだったからです。

　避難した人のなかには、とりあえず短期間の避難と考えて家を出た人も、命を守るためにと急かされるまま何も手にせず家を出た人もいました。親戚や知人友人宅に身を寄せたものの長期間世話になってはいられないと避難所に移らざるを得ない人もいました。避難所を転々とし、大規模避難所であるビッグパレットふくしまにたどり着くまでに５，６か所、仮設住宅入居に至るまでには７，８か所の避難所をめぐることは普通で、10数か所も転々とした人もいました。

2　3地方（浜通り、中通り、会津）の特色

　まずはこの３地方の特色について簡単に紹介します。原発の設置されていた相双地区を含む浜通りは、字のごとく海に面した地域です。とはいえ、なだらかな平野が広がるというのではなく起伏に富み、多くの海の幸と山の幸に恵まれた地域でした。三世代で暮らす大きな敷地と家は、おおらかな気質にもつながっていたと思います。年間を通じて気温の差も少なく、暮らしやすい地域でした。

　中通りは、山脈に囲まれた盆地が連なる地域です。新幹線や東北道など交通の動脈が走

る場所であり、昔からその地域で暮らす住民が多くいる一方、人の動きの多い地域ともいえます。農業とともに商工業も発達し、県内でも人口分布の大きいところです。盆地ということから寒暖差が激しく、夏は猛暑、冬は降雪を体験しますが、その恩恵による美味しい果樹も有名です。

　会津地方は、豪雪地帯を抱える山間地域です。しかし、歴史的にも有名なところで、福島県にあることを知らない人もいるほどです。日本海側との交流も盛んで、海藻を使った料理もあります。美味しいお酒や食べ物もたくさんありますが、もともとこの地域で暮らしてきた人が多く、独自の文化と生活を大切にしてきました。長い冬を上手に過ごす工夫や美しい手仕事の数々、観光も地域の要の産業です。

　東日本大震災においては、浜通りは震災とともに津波による甚大な被害が出ました。しかし起伏に富む土地柄から、一山越えると全く津波の影響がないという例もたくさんあります。海岸線を走る高架の国道が津波を受け止めたとも聞いています。津波によって行方不明となった人を現在も捜索しています。また、原発事故のために避難指示が出され、移住を強いられました。避難指示がいまだ解除されていない地域もありますが、解除されてもすでに震災から10年が経過し、生活の本拠を避難先に変える人も多く、帰還は限られているのが現状です。

　浜通りとともに最大震度6強の揺れに襲われたのが中通りです。前述のダム湖の決壊のほかにも、多数の家屋が全壊し、道路や水道、ガスなどの公共設備にも大きな被害が出て、生活への影響は大きなものでした。混乱の最中に浜通りから多くの人が避難してきました。各地で避難所が開設されたり、仮設住宅が建設しました。

　会津地方は震災の影響は県内では最も小さく、山脈によって隔てられていたことから原発事故による放射能の影響は必ずしも大きくはなかったのですが、風評による打撃は一番大きかったともいえます。避難指示のあった地域から多くの被災者を受け入れていましたが、浜通りの人にとって会津の冬は驚きの連続だったようで、「冬道の歩き方」なる講座を設けたそうです。

　このように福島県とひとくくりにされてはいても、その被害の状況や影響には、大きな差があります。これから紹介していく事例を理解する際の手がかりとして、紹介しました。

一般社団法人福島県介護支援専門員協会書籍編集委員会

第1章　東日本大震災によって福島で何が起きたか

～相談支援専門職チームの活動からみえたこと～

千葉 喜弘

　2011（平成23）年3月11日に起こった東日本大震災・東京電力福島第一原子力発電所の事故の後は、想定外の出来事の連続でした。その場で状況を判断し、そのとき何をなすべきか、その優先順位を判断するトリアージ機能が求められました。多くの問題が一斉に発生したとき「何かお手伝いすることはありますか？」ではなく、「こんなことができます」という情報や支援が有効であったと思います。

・被災者を支援するだけでなく、支援者も支えたい（役場職員も専門職も互いに被災者）
・被災者に、すぐに必要なサービスを届けたい

当時のビッグパレットふくしま（BPF）の様子

図 2-1　まずは、ビッグパレットに行って考えよう

　震災のあった翌月の4月になって、県内最大の避難所になっていたビッグパレットふくしま（BPF）の様子が届いてきました。避難者の数は当時約2,500人で、認知症の人や要援護者も含めて多くの被災者が集まっていると報道されました。すでにBPFでは理学療法士会、役場や社会福祉協議会（以下、社協）の職員のほか、他県の災害派遣チームも支援に

あたっていましたが、それぞれの団体がバラバラに動いているために効果的な支援には結びついていないことが課題となっていました。館内のどこに誰がいるか正確に把握することができないなか、さまざまな団体の支援者が、支援が必要と思われる避難者の情報をそれぞれ別々に届けており、町の担当者は混乱していました。午前、午後と支援にあたっていた異なるチームの支援者が、それぞれに「3階の階段に支援が必要なおじいちゃんがいますから、何とかしてあげてください」と申送りをするだけで帰ってしまい、実際の支援には結びついていなかったのです。

　また、避難所は元気な人が真っ先に来て壁際のよい場所から確保していきますから、高齢者や介護が必要な人などが後から来ると会場の中央や寒い場所しか残っていないということがありました。避難所における支援のあり方について、例えば、相馬市福祉センターに設置された避難所では、相馬市社協が運営していたこともあって、震災直後から避難してくる人全員を一人ひとり別にチェックして、近所に住む人同士が近くになるようにといった配慮をしていました。避難者も協力的で、おむつ交換は避難者同士で対応し社協職員はおむつ交換を支援しなくても済むこともありました。

　一方、BPFでは、高校生ボランティアが目の前でトイレ掃除をしていても誰も手伝わない、具合が悪そうな人がいても誰も声をかけないという状況になっていました。こうした

状況をみると、ソーシャルワーク機能をもっている人がコーディネーター役を務めなければならないと感じました。

2　支援活動のスタート

　それぞれの団体がバラバラに活動することの有効性に疑問をもち、4月4日に専門職団体の代表者が結集しました。その結果、それぞれの団体が連携をし、長期にわたって継続

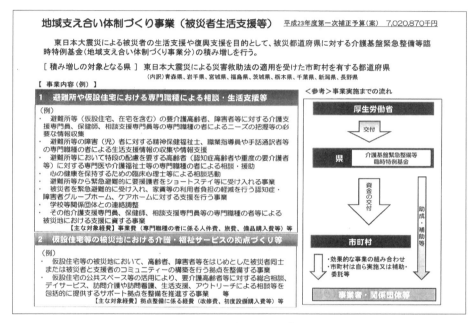

図 2-2　地域支え合い体制づくり事業

住民票がどこにあろうとも、いまの生活地でさまざまな福祉サービスを利用する人を支援する。
・肝心なのは支援の漏れや抜けや遅滞がないこと
・支援者を支援するため、市町村との調整や制度の有効活用を終結すること
【実施主体】
福島県
【関係団体】
一般社団法人福島県介護支援専門員協会（窓口団体）
一般社団法人福島県社会福祉士会
福島県医療ソーシャルワーカー協会
福島県精神保健福祉士会
福島県理学療法士会
一般社団法人福島県作業療法士会
（6団体で会員は4,000名を超える。なお、福島県介護支援専門員協会1,800人弱の会員は、6団体の会員が重複して加入）

図 2-3　福島県仮設住宅等被災高齢者等生活支援のための相談支援専門職チーム派遣事業

的にできることを行い、BPF で相談支援活動を開始し、ルールができたらほかの地域へつなげていくことになり、相談支援専門職チームが結成され活動が始まりました。

このような動きをふまえ、福島県は、2011（平成 23）年 5 月の連休中に「福島県仮設住宅等被災高齢者等生活支援のための相談支援専門職チーム派遣事業」として委託することを決めました。その窓口を、福島県介護支援専門員協会が担うこととなったのです。

3　要介護者への支援

1 か月が経ち個別のニーズがみえてきました。

避難所では、認定調査を受けることも、通常のサービスを利用することもできません。把握した情報を的確にサービスにつなぐことが必要と判断し、「暫定ケアプランによる介護サービスの開始」が始まりました。新規ケースの認定調査をケアマネジャーが行い、福島県介護保険室に調査結果を直接 FAX で送ります。もちろん医師の意見書も添付できませんし、介護認定審査会も開催できませんから、県が仮の一次判定結果を出し、それを認定結果としてサービスを利用できるようになりました。早ければ午前中に調査をし、その日の午後に結果が出て、それを町の担当者が確認して、翌日からサービス利用を開始するという流れでした。

実に効率的で、スピード感ある支援ができたと思います。これが BPF ルールとなり数年続きました。

4　依存関係をつくらない専門職の支援

多くのボランティアが避難者の支援にあたっていましたが、ボランティアを支えている市町村や社協の職員は疲弊困憊していました。市町村・社協の職員を後押し、支えること

---

① 　生活に支障をきたす人は高齢者・障がい者が多い。
② 　介護支援専門員は、その地域の社会資源を熟知している。
③ 　介護支援専門員は、基礎資格として医療系・福祉系など多様な職種がいるうえに、職歴も経験もすべてが有効である。
④ 　認知症や生活不活発病への対応など、被災者が自ら動き出したいという意欲への動機づけができる。

　長期化した被災者支援では、一般ボランティア活動は依存関係を形成しやすいが、ソーシャルワーカー等の専門職は、依存関係を形成しない支援ができる。

図 2-4　介護支援専門員の支援活動の有効性

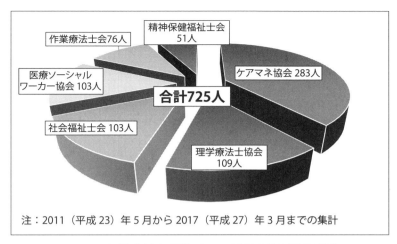

注：2011（平成23）年5月から2017（平成27）年3月までの集計

図2-5 相談支援専門職チーム所属団体別登録者数

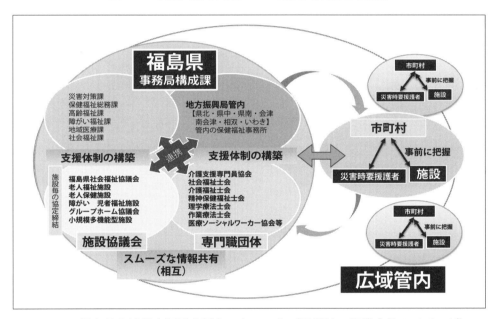

図2-6 福島県広域災害福祉支援ネットワーク（平常時の事業全体のイメージ）

の必要性を痛感しました。心強いのは、医療・福祉・介護と地域の実情を熟知した地元の人が支援していることでした。

　特に、介護支援専門員は基礎資格が多彩です。社会福祉士から介護福祉士、看護師、セラピストなど、その知識と経験が支援に幅をもたせることにつながったと思います。また、要配慮者では高齢者が多いのも事実であり、多くの問題が1日で解決の糸口がみえる支援となっていきました。

　福島では原発事故による目に見えない放射能の問題がありました。当時は放射能に関す

る正しい知識もなく、噂話に翻弄されていました。高齢者の場合、ある程度遮断できる建物の中にいれば、移動避難するより関連死を予防できることも知りました。介護施設や障がい者施設間で利用者を支え合う連携も生まれました。社会福祉士や精神保健福祉士、介護福祉士のみならず、理学療法士・作業療法士とチームを組んで活動できたのは、福島ならではの形でした。

相談支援専門職チームが6年間で支援した延べ12,000人は、支援者自身も避難者でありながら、活動してきたのです。

取り組みで得られたことは、どのような大規模災害に遭遇しても、専門職のネットワークを生かすことで支援チームができること、そして、その支援が現在も継続していること、支援チームの活動を通じて生まれた専門職の輪が現在に生かされていることでした。

相談支援専門職チームの活動は、広域災害福祉支援ネットワーク協議会へとつながり災害派遣福祉チームが組織化されました。

現在ではさらに前進し、将来の大規模災害に備えて、福島県災害派遣員福祉チーム員養成研修も行われています。

5　震災後のソーシャル・マネジメント

震災ソーシャルワークの実践で得られた教訓としては、「仮の住まい」(仮設住宅や借上住宅)はあっても、「仮の生活」などないということです。今を生きている人たちの支えになることでした。

通常の支援では、個人を対象としたミクロの課題を支援し、地域のメゾに展開し、社会や制度につなぐマクロとなります。原発事故を伴った震災では、衣食住の当たり前の確保が担保できず、生活圏が先に奪われ、個人の生活の場の選択権が消失した事態から支援が開始された点が特徴的です。そのために個人のニーズやディマンドが抑圧されてしまったのです。

・個別の課題をいかにして地域レベルから、社会全体及び政策に結びつけていくのかというソーシャルワークが崩壊
・安定した生活圏が先に崩れ、個人の生活が失われてしまったために、ニーズ・ディマンドが抑圧されてしまった

図 2-7　震災後のソーシャル・マネジメント

6　東日本大震災の教訓がいかされる地域支援づくりが大切

　相談支援専門職チームの活動は「身近で支えている人たちを支える」をスローガンに県内各地に広がっていきました。震災後には「絆」という言葉が多く語られましたが、震災が起きたから「絆」が生まれたのではないのです。福島県には深い絆が元々あったから、一致団結して活動し続けていられたのだと実感しています。

　今なお、行方不明者と県外避難生活を強いられている人たちがいること、廃炉になっていない原発の傍らで、当たり前の生活を続けている人たちがいること、どんなに大きな事故や災害があっても、誰もが郷土を愛し、隣人をいたわり、自らの意志で活動に参加してくれた多くの専門職がいたことを誇りに思い敬意を表します。

第 2 章　東日本大震災における支援の実際

～被災時の利用者の暮らしに焦点を置いた事例から～

1　本人のための家族支援

保原指定居宅介護支援事業所

佐　藤　敦　史

■利用者概要

　　名前：Aさん

　　年齢：80歳

　　性別：女性

　　家族構成：長男との二人暮らし

　　家族の病歴：長男はアスペルガー症候群

■被災時の状況

　Aさんは震災前は飯舘村に長男と二人で暮らしていました。夫は震災前の2010（平成22）年に他界しており、Aさんも2009（平成21）年頃から認知症を患っていました。飯舘村は伊達市と隣接した村で、以前から伊達市への行き来があり、Aさんは伊達市内のDクリニックに通院していました。長男はアスペルガー症候群で、飯舘村社会福祉協議会による支援を受けて地域の消防団に所属し活動していました。

　2011（平成23）年3月11日、東日本大震災により被災。福島第一原子力発電所の放射能汚染により自宅が居住制限区域となり、どのような経緯かはわからないものの、Aさんと長男は伊達市の借り上げ住宅に避難していました。2012（平成24）年11月4日にAさんは自宅で倒れ、救急搬送されて入院となり、くも膜下出血の診断でコイル塞栓術を施行。また、正常圧水頭症が発覚し、シャント術を施行しています。2013（平成25）年3月18日に退院。退院後は伊達市にある介護老人保健施設に一般入所となりました。同年6月に介護老人保健施設を退所する予定になり、在宅復帰のため、同年5月に介護老人保健施設より保原指定居宅介護支援事業所に相談・紹介となりました。

■支援経過

　Aさんは、食事介助やおむつ交換、口腔ケアが必要な状態で、水分にトロミをつけなければなりませんでした。また、転倒などの注意を払う必要のある状況だったため、長男の介護力には退所前から不安がありました。Aさんの退所前に自宅環境を確認するため訪問すると部屋は物であふれ、Aさんがいる場所もないほどでした。長男には物事の正確な理

解や片づけができないこと、数字など特定のものにこだわりが強く出ることなどの症状が
みられました。そのため、長男に確認をしながら事業所の同僚数名とともに自宅の片づけ
を行いました。Ａさんの退所前に、長男には何度も介護保険サービスの必要性と支援内容
の説明を行い、理解してもらったうえで訪問介護や訪問看護、医師の居宅療養管理指導、
福祉用具貸与を位置づけ、長男の介護負担を軽減してから自宅退所となりました。

　Ａさんは認知症が進行しており、指示が伝わらない状況はあったものの、介護の拒否な
どはなく、訪問介護等で適切な介護を提供することで自宅でも問題なく生活を送ることが
できていました。在宅復帰当初は体動が激しく、慣れないこともありベッドの頭部側にず
れていたり、足がベッドから落ちていることが度々発生し、長男は突然の事態に対応する
ことができず、担当ケアマネジャーが訪問することが多くありました。随時、介護の方法
や対応の仕方などを丁寧に何度も説明し、助けが必要なときの連絡先などについても確認
し、長男が対応できるようにしていきました。しかし、少し様子が違うとどう対応してよ
いかわからず混乱することもあり、そのつど説明し、対応してもらいました。このような
ことから、長男は自宅での介護の不安が強く、突然の対応などができないことから、自宅
での生活は最小限とし、ショートステイや一般入所を多く利用せざるを得ない状況でした。

　避難前まではある程度Ａさんが家の管理やお金のやり取りなどを行っていましたが、く
も膜下出血発症後から突如として長男がその役割すべてを負わざるを得ない状況となり、
どう対応してよいかわからず多くの不安を抱えていたと思われます。長男は避難前まで受
けていた社会福祉協議会や地域などからの支援を受けることができず、「Ａさんの介護」や
「原発の補償」「飯舘村の自宅の管理」「原発での賠償金の使い方」など、生活全般において
大きな不安を抱えており、どこに相談したらよいかわからなかったため、本人の担当ケア
マネジャーに相談するようになっていました。

　かかわりの当初は個人情報の漏洩を心配し、深くまでその対応を望みませんでしたが、
関係性を築いていくなかで、疑問に感じることを一緒に考えて欲しいといった姿勢に変化
し、徐々に自らの考えを言葉にしたり、相談したりすることができるようになっていきま
した。相談があれば随時、関係各所と連携を図り、長男に対する支援も行いました。飯舘
村の社会福祉協議会や伊達市の社会福祉課などにも相談をしながら、長男に対する支援の
必要性も随時報告していきました。その後、伊達市社会福祉課の依頼で相談支援専門員が
決まり、長男の支援が開始されました。

　2013（平成25）年の夏には電気代やブレーカーが落ちることが気がかりで、エアコンを
思うように使えない状況でした。在宅は数日でしたが、室温が高く、Ａさんは食事や水分
摂取量も多くはないため脱水を心配し、「室温調整をどのように行うか」や「その必要性」
を都度丁寧に説明し、長男が対応できるようにしました。

　2014（平成26）年1月に脳梗塞の疑いの診断があり、本人の状態がより低下し、食事は

全面摂取介助が必要でした。これ以上自宅での生活の継続はAさん、長男ともに難しい状況であると判断し、特別養護老人ホームへの入所申請を行うこととなりました。

　同年12月に入所が決まり、Aさんに対する支援は終了しましたが、長男は相談支援専門員との関係性の構築中であり、その後も随時Aさんの元担当ケアマネジャーを頼り相談に訪れました。具体的には、災害公営住宅に移るか、災害公営住宅に移った後、飯舘村の自宅をどうしていくか、飯舘村に帰村するのかなどの相談がありました。あるときには親戚が所有していた土地の相続関係で家庭裁判所から届いた通知にどのように対応してよいかわからないと相談を受け、家庭裁判所とのやり取りをしたこともありました。2015（平成27）年に長男は福島市の災害公営住宅に入居が決まり転居しました。その後、相談支援専門員との信頼関係もできたためか徐々に相談の頻度は少なくなっていきました。

　本人や家族が本来のストレングスを損なうことなく、自分らしい生活を考え、送ることができるよう、また、地域や職種で仕事を区切ることなく、高齢も障がいなども一緒に本人と家族を支えていけるよう、これからも関係者との連携を強化できるように地域で取り組んでいきたいと思います。

コメント

　本人の支援をするには家族の支援が不可欠であり、そのためにかなりの手間と時間をかけた事例の報告です。震災による原発事故が起こらなくても、長男に対する支援が必要になった可能性は高いものの、被災により、それまでの生活と環境が一変したこと、さらにAさんのくも膜下出血による緊急入院以降の状態の大きな変化が、困難と混乱を深めたことは間違いありません。

　それまでは母親であるAさんが長男を守り支えた生活であったと考えられますが、母親が突然いなくなり、さまざまな役割が長男の肩にかかるようになりました。ましてやこだわりが強く変化に弱い長男ですから、Aさんの支援をするためには長男を支えなければなりません。

　この事例のように、一見介護保険の対象とは思えない場合であっても、視野に入れておくことが求められる場合があります。介護支援専門員として、そうした機会をとらえ、自分自身の知識を深め、連携先の開拓をしていくことが求められるでしょう。

2　生活環境を変えざるを得なかった、一人の高齢男性

元・養護老人ホーム会津長寿園　現・会津長寿園指定居宅介護支援事業所

逸持治　典子

■利用者概要

名前：Aさん

年齢：92 歳

性別：男性

家族構成：一人暮らし

■支援につながるまでの経過

　T町で一人暮らしをしていました。近所に友人もおり、趣味のゲートボールを楽しんでいました。自宅で生活している間は、家族（実子 4 名）との関係も比較的良好でした。2011（平成 23）年 3 月 11 日（震災当日）は自宅で被災。その日は自宅で一夜を過ごしました。3 月 12 日早朝、町役場職員から避難するよう指示があり、午前 6 時、自家用車を運転し、K村の避難所に移動することにしました。道路が渋滞しており、同日午後 3 時、指示された避難所に到着しましたが、Aさんの居場所はなく、車中泊を続けることになりました。数日経っても状況は改善されず、3 月 13 日、自力でT市の避難所に移動し、その後、M町の避難所に移りました。

　避難所生活の間、県外に住む実子が、Aさんを引き取ることを検討しましたが、本人が頑なに拒否。後日、「詳しいことは言えないが、いやな思いをしたので、一緒に暮らすことはできない。死んでも連絡を取らなくていい。金ばかりあてにされる」と話されました。

　Aさんの強い希望もあり、単身で仮設住宅の入居申し込みをしました（本人の希望はI市の仮設住宅）が、当選しませんでした。2011（平成 23）年 6 月、M町の避難所に滞在中、胸の苦しさにより、救急搬送されることが数回続きました。T町に養護老人ホームがあったこともあり、施設入所を希望しました。Aさんの実子 1 名も避難生活を送っており、Aさん・実子ともに会津地方の施設入所を希望。町と施設とで協議し、養護老人ホームに措置入所となりました。

■支援の経過

2011（平成23）年6月下旬

　T町役場職員より、養護老人ホームB（以下、「B施設」）に、措置入所の打診がありました。

　要介護1と認定されていましたが、日常生活動作はおおむね自立。認知症状もなし。「どこでもいい。施設に入所したい」との希望があり、B施設では入所定員を満たしていましたが、特例措置により、定員超過でも受け入れが可能となっていたため、受け入れる方向で対応することとなりました。

2011（平成23）年7月上旬

　B施設に措置入所（措置権者はT町）。Aさんより「これで、やっと安心して眠れる」との話あり。「体調が悪くなることが増えて、不安が大きくなった。まずは体調を整えるようにしたい」「娘がそのうちこっち（会津）に来るっていっているから、近くにいてくれると安心なんだ」と話されました。

2011（平成23）年10月上旬

　避難生活をしていた次女がB施設の近くのアパートで生活を始め、「父の自家用車の鍵は私が預かることになった」との話がありました。

　以前に申し込みをしていたI市の仮設住宅への入居が可能になったとT町職員より連絡があり、本人の意向を確認しました。Aさんは「子どもが近くに引っ越してきた。いまさらI市に行く気はない。仮設住宅の申し込みは断ってほしい」と意思表示され、AさんからT町担当者に意思を伝えました。

2011（平成23）年11月

　「娘には連絡するな」と、Aさんから突然話がありました。詳細を聞いたところ、「通帳を預かると言われた。『原発の補償金が入っているし、これからもあるのだから、自分で管理するのが大変だろう』ということだったが、断った。どうせ俺の金を狙って、使い込もうとしている。どいつもこいつも金に汚くていやだ。電話の取り次ぎも、面会も断ってくれ」と意思表示されました。

2011（平成23）年12月

　Aさんより「ゲートボールをしたい」との希望があり、近所の老人クラブに確認しました。「冬は雪が降るので中止しているが、春になったら再開する予定。それから参加してはどうか」との返事でした。

2012（平成24）年4月

　老人クラブのゲートボールチームに参加し、ともに練習を開始。ほぼ毎日のように、練習に参加していました。

2012年（平成24）7月

　B施設に入所していたC氏が施設を退所し、家を借りて独居生活を始めました。Aさんはその姿をみて「一人暮らしするんだな…。俺も考えるかな…」と、ぼそっとつぶやきました。

2012（平成24）年12月中旬

　Aさんより「T町のD施設に入所したい」との希望がありました。本人の意向を改めて確認すると「ここで生活して1年以上経ったが、望郷の念が強くなったというか、昔なじみの人たちと一緒に暮らしたくなった」とおっしゃいました。T町担当者に、Aさんの意向を伝え、対応について協議しましたが、その時点では新たに入所させる予定はないという返事をし、本人も一応は納得したとのことでした。

　数日後「ここ（B施設）の近くで、一人暮らしをする。子どもが反対しようが、自分で決めたことだから、絶対に出ていく」と意思表示され、T町職員に本人の意向を伝えました。

2012（平成24）年12月下旬

　Aさんより「住む場所がみつかった」との話がありました。キーパーソンとなる実子に、状況を報告すると「本人が決めたことだから、意思を尊重したい」との返答でした。措置権者であるT町担当者も「本人の意向であれば、やむを得ない」との返事でした。

　Aさんに、施設以外での生活を希望するに至った理由を聞いたところ、「施設での暮らしに大きな不満があったわけではない。食事も出るし、体調が悪いときなどは、病院にも連れて行ってもらえたし、感謝している。ただ、いろいろな意味での『決まり』があるのが、自分にとって窮屈な部分があった。原発事故さえなければ…と思うと、悔しい気持ちになる。正直なことをいうと、T町の対応に不信感がある。ここ（B施設）にいると、どうしてもT町の世話になっているという気持ちが消えない。それが嫌だ」「もともと一人で暮らしていたんだ。場所は違うけれど、元の暮らしに戻るだけだ。ただ、それだけだ」と理由を教えてくれました。

　退所となり、単身生活開始となりました。

コメント

　地震と原発事故により、平穏な生活から一転し、また家族関係もうまくいかずに、避難先の施設の利用になった方の支援です。非日常のなかで追い詰められた状況から、少しずつ落ち着く中で集団生活に息苦しさというか不満を感じはじめ、結局退所し単身生活を開始した事例です。

　本人にとって望む生活とは何かを考えながら、支援していることがうかがわれました。また、本人の自己決定力を認め、その選択を大切にしていることが伝わってきま

した。

　介護支援専門員の実践の場では、施設入所をゴールと考えてしまう傾向や、90歳を超える年齢から、その可能性を危惧することが多いように感じます。Aさんに対する支援でも担当者には葛藤が多かったと思いますが、私は利用者のもつ力を信じることの大切さを、改めて突きつけられたように感じました。

3 「地元に戻りたい」と同居していた家族と別れ、高齢の夫婦二人で自宅に帰ったケース

小高地域包括支援センター　保健師

境 原 麻 衣

■利用者概要

名前：Aさん

年齢：87 歳

性別：女性

家族構成：夫と二人暮らし

家族の病歴：夫は認知症、アルコール依存症、要支援 1

■被災時の状況

　震災時は 20km 圏内の K 区に在住。夫と長男夫婦、孫と同居していました。震災による原発事故の避難のため、長女のいる隣県に家族とともに避難しました。その後、I 町へ移りましたが、少しでも自宅の近くに住みたいと夫婦二人で M 市 H 区の雇用促進住宅へ転居しました。長男の妻からは自宅に戻ることを反対されていましたが、「家があるから帰りたい」と 2019（令和元）年に K 区の自宅に帰還しました。長男夫婦は仕事のため I 町に在住しています。

　本人は「面倒をみてもらうはずだったのに一向に K 区に戻ってこない」と訪問のたびに話します。長女家族は長期休みの際に訪問し、買い物をしたり室内の整理をしたりと支援してくれています。

■支援経過

　福岡県在住の孫（長女の娘）から相談の電話がありました。「高齢の夫婦二人での生活のため心配している。定期的に見守りやごみ出しを手伝ってもらえるような支援はあるか」との問い合わせでした。

　自宅を訪問し、A さんと夫の意向を確認しました。生活状況については、夫が認知症により運転免許を返納したため買い物が困難になったが、コープや移動販売で何とかなっている。ごみ出しは集積所まで 200 メートル以上あり、大変なので手伝ってもらえるなら助かる、病院受診については H 区に住んでいたときは受診していたが、自宅に戻ってからは行かなくなったということでした。

市の独自サービスのごみ出し支援と要介護認定の申請を合わせて行うことになり、長男の妻にその旨を電話で報告しました。

　夫婦二人とも要支援1と認定され、サービスを調整する段階でAさんから「ごみを乳母車に乗せて捨てに行けるから手伝いは必要ない」と申し出があり、サービスの利用を希望しませんでした。

　その後、4か月ほど経過したころ、主治医から、鼻血が出てびっくりしたからと夫婦二人で受診に来たと電話がありました。Aさんには血圧の薬を処方するとともに、夫は心房細動による心筋梗塞や脳梗塞のおそれがあり内服薬を再開するということでした。継続した受診の必要があるため、今後の受診や内服の声かけをしてほしいと依頼されました。

　相談したいことがあると連絡を受け、次の日に自宅訪問すると、新型コロナウイルスワクチンの予防接種の可否の確認のために受診したが、聞くことができなかったとの話がありました。そのため、主治医に電話で接種の可否の確認をしました。

　生活状況について確認すると、ごみ捨てはできており、買い物に関しては震災前は近所にスーパーがあったが閉店してしまい、夫が認知症のため運転免許証を返納したことから買い物に行けなくなってしまった。生協の宅配と週1回の移動販売を利用していたが、移動販売が終了になって困っているということでした。そこで、訪問介護の家事支援について説明し、利用の同意を得ました。

　訪問介護を週1回の利用で調整。長男夫婦帰省時に自宅を訪問し、訪問介護の利用について説明し、サービス開始となりました。訪問介護の初回利用時は、一緒に行くものと外出する準備をして外で待っていましたが、ヘルパーに買い物を依頼することを説明し、それ以降はほぼ問題なく利用することができています。

　また、デイサービスの利用を勧めるものの利用意向はありません。家族は、近所づき合いも少なくなり、家で過ごしてばかりいるので利用してほしいと希望していますが、利用に至っていない状況です。

コメント

　避難指示解除に伴い、高齢者夫婦のみが帰還し、心配する家族からの連絡で支援がスタートした事例です。高齢ではあるものの、何とか生活を維持し、最低限のサービス利用で家族や支援者の心配がなかなか届いていない様子です。

　この事例で見落とすことのできない点は、避難生活が長期化し、生活基盤がもともと暮らしていた地域から避難先に変化してしまったために、家族が分断されてしまったことでしょう。夫婦にとって、自宅に戻ることは当然の結論であっても、仕事をもつ長男は異なります。いくら嘆かれたとしても、生活の場を変えることは難しいでしょ

う。

　支援者としてかかわっていく際に、どちらの立場にも理解と共感を示しつつ、どこにもぶつけることのできない苛立ちを感じているのではないでしょうか。時間の経過とともに大きくなっていく影響にも注目していきたいと思います。また、このようなケースが増え、急激に高齢化が進む地域の課題を把握し、どのような支援のしくみやあり方が効果的なのか、知恵を結集していきたいと思います。

4 避難指示（居住制限地域）に住み続ける
高齢母子とかかわって

元・やまなみ介護支援事業所、現・わたり介護支援事業所

熊 田 吉 弘

■利用者概要

名前：Aさん

年齢：94歳

性別：女性

家族構成：長男と二人暮らし

■被災時の状況

2011（平成23）年4月、計画的避難区域に指定されたAさん親子はY郡I町のホテルに避難したのち、7月にF市I町の仮設住宅に入居。自宅と仮設住宅を行き来する生活になりました。仮設住宅での生活で体調を崩した息子さんが、自宅ではその症状が出ないことから、2012（平成24）年1月にはAさんともども帰村し、生活することになりました。

そのころのAさんは室内いざり移動、難聴でしたが排泄は自立し、自分の考えや気持ちはしっかり主張することができました。息子さんは独身で、介護に協力してくれる身内はなく、家事、介護すべて一人で担っていました。

震災前はM市の医療機関に通院していましたが、2011（平成23）年6月頃からは、近くの診療所に受診するようになっています。

■支援経過

Aさんは2013（平成23）年11月、区分変更により要介護2になり、I村の地域包括支援センターから居宅介護支援の依頼があって、筆者とかかわることになりました。その頃、I村の役場機能は、F市役所I支所の建物内にその大部分を移しており、地域に仮設住宅や借り上げ住宅で生活する住民が多かったことから、紹介されることになりました。

ただし、事情があってI村の自宅にAさん親子は住んでいるので、まずは一緒に自宅を訪問してほしいということでした。仮設住宅では、息子さんに不眠、腹痛、下痢、頭痛といった症状が出現し、受診しても症状の改善はみられない一方、自宅ではその症状は消失することから、仮設住宅と自宅を行ったり来たりするようになっていったということでした。自宅での生活は認められていませんでしたが、だんだんと自宅での生活が長くなり、

郵便物や飲用水を定期的に仮設住宅に取りにいく生活となっていき、2012（平成24）年1月には、AさんとともにI村に戻ってきていました。

当時のAさんは、室内いざり移動、心臓病があり、排泄は人の世話にならないという気概をもち、難聴でコミュニケーションは困難ながら自分の望みや好みを率直に主張し、母一人子一人の長男につき従う頑固で気丈な人でした。

Aさんはさまざまな既往歴を抱えるとともに、高度の難聴、廃用性の筋力低下があり、一方で、利用しているサービスは福祉用具貸与の手すりだけでした。まず、役場・地域包括支援センター、社会福祉協議会とケア会議をもち、自宅における要介護状態での療養生活をいかに支援するかが課題であると確認されました。

居住制限区域を訪問することから、月1回の訪問にあたり、法人に相談し許可を受けること、また同一敷地内にある、診療所の医師に適宜相談しアドバイスを受けること、行政との連携を維持することとなりました。また、二人で訪問し、一人は線量計で定点で線量を計り記録し、40歳未満の女性ケアマネジャーは訪問させないこととしました。ケアマネジャーとして私が担当し、毎月交代でもう一人のケアマネジャーと二人で訪問しました。

診療所の医師にも訪問の度にAさんの生活状況を報告し、体調に大きな変化がないことを伝えました。2014（平成26）年2月の大雪が降ったときや同年4月のスイセンの咲く時期に医師と一緒に訪問しました。足腰が弱くなり歩けない状態で、定期的な通院が難しい状況だったので、正式な診療ではないものの医師との訪問はとても心強かったのを覚えています。

高齢のAさんが人のいないところで住み続けるのに、最も必要とされるものは医療的サポートですが、同時に介護サービス等の生活支援も欠かせません。Aさんはトイレに這って移動し、柱につかまって何とか立ち上がり便座に座って排泄しています。入浴は息子さん一人の介助では難しく、清拭も息子さんが介助しようとすると拒否し、無理強いするとそっぽ向いて、しゃべらなくなってしまいます。何か所かの訪問介護事業所に問い合わせてみましたが、居住制限区域であることで訪問してくれるところはありませんでした。訪問入浴介護事業所も同様でした。

利用できる社会資源について、I村地域包括支援センターに問い合わせたところ、村の委託を受けて「見守り隊」という住民組織が村内をパトロールしているとのことでした。目的は、盗難の防止でしたが、高齢のAさんが住んでいるのであれば、安否確認をしてくれるということになりました。毎日午前・午後との2回訪問してもらいました。

また、村社会福祉協議会の事務所もI町にあったため、相談してみたところ、F市やD市の仮設住宅も含めて訪問活動を行っており、対象地域が広範囲にわたるため頻回には難しいが2週間に1回は訪問してみるとのことでした。

2014（平成26）年7月、M市の病院のソーシャルワーカーより、Aさんがめまい・嘔吐

で救急搬送され入院していると連絡がありました。Aさんは、声をかけてもほとんど返答せず、訪問をあまり歓迎していない様子でした。食事は気に入ったものしか食べず、リハビリも拒否的であるということでした。翌月にポータブルトイレに移乗が可能となり、食事も摂れるようになったため退院の許可が出たと病院のソーシャルワーカーより連絡がありました。心筋梗塞、大動脈弁の障害の診断があったこと、ADLが入院前より低下したので、介護ベッドとポータブルトイレが必要だろうということでした。手すりをレンタルしている福祉用具事業者に事情を説明し、介護ベッドの利用を依頼したところ、居住制限区域にいる利用者に貸与は難しいという返答でした。そこでほかの事業所数社に相談し、そのうち1つの事業者からレンタル可能との話があり介護ベッドを利用することができました。

ADLがさらに低下し、健康状態が心配されることから、診療の確保がもう1つの問題となりました。医療保険による訪問診療は、往診を必要とする絶対的な理由がない場合には認められません。Ⅰ村に近いK町で往診専門の診療所があり相談したところ、早速訪問診療をしてもらうことができました。清拭などもしてもらい頭が下がる思いでした。

Aさんは、避難生活でADLが低下するとともに、高度の難聴があり、コミュニケーションがとりづらいことに加えて、怒りっぽくなるなどの認知症の症状も目立ちはじめました。診察に来る医師に「ばか」「帰れ」などいうほか、血圧を測らせない、聴診器をあてさせないことが多くなりました。「女の先生だとだめなようだ」と息子さんはいいます。開始から10か月目で、訪問診療は終了しました。医師は、「本人が希望するところで診てもらえれば一番よいのだけれども、限られた条件のなかでは、それもできず現実は厳しいのだと感じました」と話しました。

その後は、介護タクシー（自費）で、診療所に通院することにしました。また、診療所を3月で定年退職した看護師がボランティアで月1～2回、片道55kmの距離をAさんの自宅まで訪問してくれていました。その訪問に合わせてケアマネジャーが同行することにしました。

その翌月、夜中に体の痛みを訴え、救急車を呼びF市の病院に入院することになりました。M市の救急隊なので本来ならM市の病院に搬送するところ、何とかF市の病院にお願いしたそうです。肺炎のほか胆道感染と診断されましたが病状は快方に向かい、いったん退院したものの、再入院することになり、食事が摂れなくなって、2015（平成27）年11月に永眠しました。

コメント

　極限の選択（避難指示の地域に居住すること）をした世帯に対して、限られた条件のなか、さまざまな関係者との連携と工夫で支援をしてきた事例です。もちろんその生活を選択し実行することができたのは、利用者と長男の力の賜物でしょう。

　「利用者のために」を免罪符にして、支援者側の都合や考えを優先しがちですが、それを跳ね返すというか、それ以外の選択肢がなかった事例だったのだと感じました。繰り返しますが、極限のなかの選択であったのですから、その支援はさらに大変だったと思います。

　事例の紹介にあたっては、利用者が亡くなった後もつながる支援者との絆の部分を残念ながら削除しました。ケアマネジャーと家族という関係を超える結びつきを感じましたし、これこそが支援者の喜びであり、相手の選択を大切にしたかかわりだったからこそ、得られた体験だったと思います。

5　避難を繰り返し、強まった家族の絆

元・ＪＡ福島さくら郡山居宅介護支援事業所　現・寿泉堂香久山居宅介護支援事業所

秋　元　百合子

■利用者概要

　　名前：Ａさん

　　年齢：84歳

　　性別：女性

　　家族構成：長女夫婦と同居

　　被災後、二女宅を頼ってK市に転居

■支援経過

　　Ａさんのケアプランを依頼してきたのは、Ａさんが震災前に利用していたデイサービスの相談員Ｂさんでした。Ｂさん自身も被災し、避難生活を余儀なくされていたにもかかわらずＡさんの家族から相談を受けたＢさんは、Ａさん家族が身を寄せているＡさんの二女宅から近いデイサービスと居宅介護支援事業所を探し、私の事業所に、同居しているＡさんの長女の夫と相談に来てくれたのでした。震災から1年ほどたった春のことでした。

　　その頃は避難先での介護サービス調整が盛んになり、行政や社会福祉協議会の職員も避難しながら相談や調整に奔走しており、そのメンタルケアは大丈夫なんだろうかとひそかに心配していたのを記憶しています。

　　Ａさんは、同居していた長女夫婦とともに、K市に嫁いでいた二女宅で約1年ほど暮らしていました。二女宅は同じ敷地内に義理の両親が住んでおり、義理の父親と二女夫婦が農業を営んでいました。Ａさんは脳梗塞で左半身の麻痺と失語症があり要介護2です。長女は役場に勤め、長女の夫は専業農家をしていた二女宅の農作業を手伝っていました。

　　農繁期になり、避難生活も1年が過ぎ本人の体の動きも悪くなってきたことから、家族が入浴と機能訓練を目的にデイサービスの利用を希望しました。デイサービスはすぐに決まりましたが、慣れない土地でのデイサービスの利用をＡさんは当初拒否したため、何度か職員がＡさん宅に通い、信頼関係を築くことで利用につながりました。もともと穏やかで人懐っこいＡさんはすぐにデイサービスを楽しんでくれるようになりました。

　　モニタリング訪問時は二女や長女の夫が同席し、和やかな雰囲気の家族に私にはみえていましたが、数か月後突然、デイサービス職員から「Ａさんの長女から次回からは仮設住

宅に迎えに来るようにいわれました」と連絡がありました。

　寝耳に水のことですぐに仮設住宅を訪問し、環境を確認しました。仮設住宅は 1LDK で玄関まで階段がありトイレやお風呂にも段差がありました。部屋には A さんのベッドを置き、長女夫婦は夜はその下に布団を敷き、日中は座卓を置き茶の間としていました。要介護 2 の A さん家族が住むのは大変だなと感じました。

　二女が義理の両親と A さんの長女夫婦の板挟みになって苦労していたこと、姉妹とはいえ、嫁いだ妹宅に世話になり気をつかうことにも疲れていたので、狭くとも不便でも自分たちだけで仮設住宅で暮らしたほうが気楽だと思い、引っ越したと理由を聞きました。なんとも切ない話です。

　しかし、仮設住宅が気楽だといっても何軒かがつながっており、端の部屋で杖をトンっとつくと反対の端の部屋まで響くため気をつかいます。避難生活が長くなり、住民も先のみえない生活にストレスがたまっており、人間関係も大変だったようです。

　A さんはデイサービスを利用することを楽しみにし、環境が変わっても心身ともに状態が低下することなく過ごしていました。改めて介護サービスの大切さを実感しました。

　また、1 年くらい経ったある日のこと、今度は A さん家族が家を建てたので、そこにデイサービスの迎えに来てほしいとの連絡を受け、慌てて訪問しました。デイサービスに近い、新興住宅地の立派な家でした。敷地も広くていいですねと A さんと長女夫婦に話すと顔が曇り、「前の家はもっと広くて立派だった。海も近くて気候もよかった。畑もあったし野菜は買ったことがなかったのに……」と寂しそうに話されました。帰れない寂しさは、私には想像できないほど大きいのだろうと、かける言葉がありませんでした。

　その後、A さんは度重なる環境の変化と加齢で心身の機能が低下していきました。家にいても「家に帰りたい」と訴え、落ち着かなくなるようになり、長女夫婦は「一度家に帰してあげたかったけれど、家が荒れてしまい、壊してしまったのでそれができない」と悲しそうに話し、毎日のように家に帰りたいという A さんをなだめていました。

　そんなある日、長女から「本人をショートステイに 1 か月くらい預けたい、手配してくれないか」と依頼があり、その理由を訪ねました。長女の夫にがんがみつかり手術することになったとのことでした。震災に避難、介護に仕事、自宅の取り壊しに新築。通常ではありえないことを次々と経験し、体が悲鳴を上げたのだろうと思いました。さらにこれから長女は夫の看病まで…。その頃、A さんは要介護 4 になっていたため、長女のこれからのことを心配して施設入所を提案しました。しかし、長女からは「私たちは地元を離れてここにいる。これ以上ばらばらになりたくない。最後まで母と一緒にいたいので施設は考えません」とはっきりした返事がありました。さまざまな困難にあっても介護を続けるという A さんの長女から、家族の絆の強さを教えてもらいました。

コメント

　娘（二女）宅とはいえ、義理の両親のいるところへ避難し1年余りを過ごした後、仮設住宅、さらに新築した家に住むことになっても故郷の家を思う本人と、さまざまな状況にあっても家族での暮らしの継続を望む娘（長女）の事例です。

　環境が大きく変わるなかでも、サービスを上手に利用しながら大きな機能低下を防いでいましたが、加齢とともに機能低下がみられるようになり、さらには家族ががんを抱えるという大きな出来事が起きました。それでも長女は施設入所ではなく、最後まで一緒にいるという選択をしました。

　家族の絆の強さ、という捉え方もできますが、一方ではこれ以上別れ別れの生活は嫌だという側面もあったのではないでしょうか。自分で選択する余地のないまま、その時々で精一杯暮らしてきたであろう長女が、将来の本人の生活の場の選択が可能になったときに、ケアマネジャーの心配をよそに、親子がともに暮らすことを選んだのだと思います。

　利用者家族の生活歴や価値観は、その人独自のものであり、ケアマネジャーの理解の範疇を超える場合もあります。なぜそのような選択をするのか、どのような価値観をもち、何を大切にしようとしているのかに寄り添う支援者でありたいと思います。

6 困難を受け入れる強さ……

元・ＪＡ福島さくら郡山居宅介護支援事業所　現・寿泉堂香久山居宅介護支援事業所

秋 元 百合子

■利用者概要

名前：Ａさん

年齢：90 歳

性別：男性

家族構成：長男夫婦と同居

■支援経過

　地域包括支援センターから紹介されＡさん家族（Ａさんと長男夫婦）と会ったのは震災から半年ほどたった秋も深まった頃でした。当時の放射能に関する不確かな情報に振り回されたり、身を寄せた親戚を気づかったりと、短い間にずいぶんと苦労したようでした。

　震災前までは、足腰が弱いながらも自分で歩けていた90歳のＡさんは度重なる移動や環境の変化ですっかり弱ってしまい、車いすでの生活になっていました。Ａさんは車いす生活になってしまったため避難所や仮設住宅に住むことができず、6畳2間の民間借り上げアパートに住むことにしたそうです。

　取り急ぎ介護ベッドやポータブルトイレなどを手配し住環境を整えましたが、1間は介護ベッドとポータブルトイレ、Ａさんの荷物でいっぱいになり、もう1間が茶の間と長男夫婦の寝室兼用となりました。

　長男は勤め先がＩ市にあるため単身赴任となり、月1～2回程度帰宅するとのことでした。震災前は広い敷地の一軒屋に暮らしていたそうで、二人ともアパート暮らしは初めてです。ましてや舅と嫁が二人で暮らすのはさぞや息苦しかったろうと思います。幸い、耳は遠いものの、穏やかな性格のＡさんとお嫁さんはもともと関係がよいようで、何かにつけ「おじいさん、おじいさん」とお嫁さんはかいがいしく世話をしていました。

　アパートのお風呂は段差もあり、狭いため、デイサービスを利用することになりました。玄関は上がり框が高いうえに狭く、また通路もスロープがかけられないほど狭く、生垣の柊が伸び放題になっており、車いすでの移動は困難でした。アパートの管理会社に事情を説明し、通路の環境整備を依頼しましたが、ほかの住民は困っていないため、結局、対応してもらうことができませんでした。デイサービスの職員や福祉用具事業者とさまざまな

試行錯誤を重ね、なんとか安全にＡさんをデイサービスに迎え入れることができ、「久々にゆっくりとお風呂に入れた」とニコニコしていたＡさんの表情は忘れられません。

お嫁さんは慣れない土地でＡさんと二人暮らしです。いくら関係がよいといっても徐々に体がきかなくなっていくＡさんの介護もあり、ストレスは相当だったと思います。さらに、仮設住宅や避難所では相談員が定期的に訪問し、生活の相談にのったり情報提供を行っていましたが、借り上げ住宅ではそれがなく、孤独な日々を過ごしていました。市内に知り合いがいても場所がわからないために会えず、電話が来るときはどこどこの誰々が具合が悪くなった、入院した、亡くなったなどの話が多かったようです。

お嫁さんはＫ市の水は美味しくないといい、突然日帰りで地元に戻り水を汲んできたり（Ａさんの自宅は出入りや水の飲用が許可されたところでした）、通販などでたくさんの買い物をするようになり狭い部屋に物が増えていきました。

Ａさんの生活はお嫁さんの頑張りで維持されていましたので、何とかお嫁さんの避難生活のストレスを解消させてあげたいと思い、モニタリングの訪問時はＡさんのことのほかに、どこどこの何が美味しいよ、近所にいい温泉があるよなど、他愛もない話をして少しでも笑ってもらおうと心がけました。

その後、Ａさんは徐々に体力が低下し、入退院を繰り返して特別養護老人ホームに入所しました。

Ａさんの支援で印象的だったのは、そこに生まれ、90年暮らしてきた土地を離れ、知らない場所に住み、体の自由もきかなくなったにもかかわらず、いつも表情がやさしく穏やかだったことです。それは戦争体験やさまざまな困難を乗り越えてきたゆえの強さだったのか、あるいはその状況を受け入れるしかないというあきらめだったのか、もっと違う感情だったのか…。それは今でも私にはわかりません。

コメント

90歳という年齢で、大きな環境の変化に対して不満を述べるのではなく、受け入れ、そのとき、その場を穏やかに暮らしていく姿をケアマネジャーは「強さ」と感じた事例です。

不自由な生活と度重なる転居で、Ａさんの機能は低下してしまいました。また、大きな一軒家での生活から、長男が単身赴任となって2間のアパートで舅と嫁が暮らしていたのですから、ストレスはどちらにとっても大きなものであったことが想像できます。さらに、慣れない土地で近くに友人・知人もなく、他者との交流も思うようにできないなか、ケアマネジャーは、本人に対する配慮と同時に、その嫁の負担を軽くしたいと努力していました。

　結果的には特別養護老人ホームに入所という形で支援は終了していますが、ケアマネジャーの心には、優しく穏やかな表情が忘れ難く残っています。

　人生の最終の時間を伴走するケアマネジャーに、利用者は言葉ではなく、その生きる姿を通してさまざまな人生の妙味を伝え教えてくれるのではないかと、改めて感じさせられました。

7 発災直後の対応で家族からの信頼を失ったケース

有限会社タロサ　ケアプランタロー

竹 田 匡 志

■利用者概要

名前：Aさん

年齢：90代

性別：女性

家族構成：長男夫婦と三人暮らし

■支援開始までの経過

Aさんは夫の戦死後、単身で行商をしながら息子を育て、大学まで進学させました。

長男夫妻と3人で暮らしていましたが、震災の約1年前に、自宅前で転倒し、左大腿骨頸部を骨折して人工骨頭置換術を受けました。自宅では伝い歩き、屋外では短い距離ながら見守りがあれば杖歩行ができるようになりました。しかし、外出機会の減少に伴って体力が低下し、友人にデイサービスの利用を勧められたことをきっかけに、要介護認定を申請しました。Aさんの希望するデイサービスの系列ということから、長男から当事業所に相談があり、支援が開始されました。

すでにAさんの気持ちは定まっていたようですが、デイサービスの見学を経てから正式に利用を始め週2回からスタートしました。開始から2か月後、体力に自信がついてきたため、回数を週3回に増やしました。

■震災直後の状況

通所開始から10か月後、デイサービスの利用中に東日本大震災が発生しました。事業所は海岸から約100mの場所に位置していたこともあり、津波の第1波で施設は約10cm浸水しました。時間的に帰宅準備中だったこともあって、足元を濡らしながらも全員が速やかに施設送迎車に乗車でき、近隣にある高台の公営施設へ避難できました。その後の第2波で施設は天井まで浸水し、建物が大きく破損し使えなくなったため、営業休止となりました。

発災当日は情報が錯綜し、電話が通じなかったため、デイサービスから家族へ連絡をつけることができませんでした。また、自宅までの道路は津波で流されてきた家屋などの残

骸や、海底から運ばれてきた大量の砂で塞がれ、物理的に自宅へ送り届けることができない状況でした。強い余震が続いたこともあり、安全面から、そのまま避難先でデイサービス職員やほかの利用者らと一夜を過ごしました。翌朝、家族に連絡がつく前に、長男夫妻が避難先へ迎えに来て、ようやく帰宅することができました。避難先の情報は、施設の近隣住民から情報を得たそうです。

　本人の自宅はかろうじて津波を免れ、食器が割れるなどの被害は出たものの、建物自体に大きな被害はありませんでした。しかし、その後も大きな余震が続き、津波が再び襲うおそれもあったため、自宅周辺は数週間にわたって立ち入り規制区域となってしまいました。

　発災直後、著者は海岸居住者、一人暮らし、医療依存度が高い利用者を優先して、安否確認や緊急支援を行いました。Ａさん・家族と直接の連絡がとれたのは、震災翌日の夕方で、Ａさんにも家族にもけががなく、安全を確認できました。福島第一原子力発電所の水素爆発事故が発生したことや、緊急支援対応をしていたこともあり、実際に訪問面談できたのは、発災の1週間後でした。

　玄関先で挨拶するなり第一声、「来るのが遅い！」と長男が声を荒げました。「ケアマネなら、ガレキを超えてでも、歩いてでもなんでもして、命を張って当日中に来るべきじゃないのか」など、ケアマネジャーへの対応について不満を強く訴えられました。

　訪問が遅くなったことを詫びた後、長男夫妻に被災状況や生活状況をみて優先度順に対応していたことを説明し、理解を求めましたが、「お前は命を張る覚悟がないんだな。よくもケアマネをやっていられるものだな」と、興奮が止まらない様子でした。「あんたも無事だったのね。顔をみられて安心した」とＡさんが喜んでくれたことだけが救いでした。この日はその後も約1時間、長男から叱責され続けました。長男から「もう帰ってもいい」といわれ、ようやくのことで事務所に戻りました。あの日、あのとき。命がけで行くべきだったのか……と自問自答しながら。

　発災3週間後、利用していたデイサービスが場所を移して営業を再開したことを受け、事前連絡を入れたうえで自宅を訪問し、Ａさん、長男夫妻と面談をしました。Ａさんと長男夫妻から利用希望があったため、デイサービスを再開することになりました。

　デイサービス再開まで1か月近く自宅内生活が続き、脚力が低下していました。原因として、震災の影響による活動範囲や運動量の減少が考えられました。ほかの利用者の多くも同様の原因で脚力低下やADLの低下がみられていました。自宅では伝い歩きでどうにか移動していましたが、ふらつきが目立ち、スムーズに立上りができず尻もちをつくことも多くなりました。

　Ａさんはこれまで以上に歩行機能の回復に意欲をみせるようになり、デイサービスでは平行棒を使った歩行訓練や体操に積極的に参加するようになりました。「まだ震災の影響が

続いているのにありがたいことだ」と、長男からデイサービスの支援に感謝の言葉も聞かれました。

　震災から6か月後、自宅では伝い歩きで安定して移動できるようになり、Aさんから「コレでトイレに行くのも焦らなくてよくなった」との発言がありました。長男の妻からは「本人も移動のたびに介助されることに申し訳なさを感じていたみたい。お互いに気持ちも身体もラクになってよかった」といわれました。

　その後、ADL・歩行機能を良好に維持し、保険外で車いすを短期間レンタルして、家族と日帰りの小旅行や買い物に出かけるなど、長男夫妻との外出が増えるようになりました。

　震災から1年半後、夜間、トイレに行く途中で、コタツのコードに足を引っ掛けて転倒。左大腿骨を骨折が判明して入院し、その1か月後、誤嚥性肺炎を発症して亡くなりました。

コメント

　まず、はっきりいいますが、「ケアマネが命を張ってまで訪問する必要」はありません。長男の言葉を否定せずに聞き続け、つらい思いを今も抱えているかもしれませんが、これだけは忘れないでください。

　災害に遭遇した際には、まず自分の命を守ること、次に大切な人の命を守る（確認する）こと、それが確保されてはじめて仕事です。仕事をするのはケアマネジャーという個人です。ケアマネジャーだからといって命を失う危険を冒す必要はないのです。命がある（保てる）から、その後も仕事を継続していけるのですから。

　長男の言葉は、不安と期待の裏返しだったのではないでしょうか。頼りにしていたからこそ、いの一番に顔をみせてほしかったのだろうと思います。また、震災と津波という、つらい体験に際し、誰かに感情をぶつけるしかなかった。そこにケアマネジャーがいたのだと思います。担当を替えなかったのは、その後も顔をみせてくれなかったのも、一度振り上げたこぶしをどう下ろしてよいかわからずにいたこと、ケアマネジャーに甘え続けていたとも考えられます。

　本人の生活に寄り添い、サービス調整できていたケースだと思います。

8　住み慣れた土地を離れ、生活を再建する利用者を支援するということ

あづま脳神経外科病院　指定居宅介護支援事業所

我　妻　順　子

■利用者概要

名前：Ａさん

年齢：86 歳

性別：男性

家族構成：夫、長男夫婦、孫との 5 人暮らし

■被災時の状況

村ではハウス野菜とトルコ桔梗の花づくりを家業としていました。原発事故で全村避難となり、Ａさんは、同様にＦ市内に避難した娘の家に身を寄せたり、貸家に避難したりと市内を転々としていました。息子夫婦が「家業が再開できるように」と、野菜や花づくりができる土地を探し、2015（平成 27）年にＦ市内に自宅を新築。Ａさんも息子夫婦と同居することとなり、ようやく落ち着きました。

■支援経過

Ａさんとの出会いは 2016（平成 28）年 8 月です。避難生活のなかで要支援認定を受け、Ｉ村地域包括支援センターが継続してかかわってきていましたが、更新申請で要介護 2 と認定されたことから、かかりつけ医の併設する居宅介護支援事業所の支援を希望したための依頼でした。

震災からすぐに全村避難となり、当初は戻って来られることを信じていましたが、希望は叶いませんでした。慣れない土地で、周囲に気をつかいながらの生活の不自由さは想像に難くありません。

ＡさんがＦ市内の新しい自宅に移る前は、市内北部にある貸家に住んでいました。その頃は周囲に知り合いがいるわけでもなく、外出の機会が減っていました。また、要支援認定を受け、デイサービスに通うようになったそうですが、途中から休むようになったということです。

現在の住まいに移ってからのＡさんは、うまく周囲になじんで過ごすことができるようになっていました。Ａさんは、両膝の変形性関節症と心不全を抱え、屋内は歩行器で歩く

ことができるものの、長く歩くと息切れを起こし、転びやすい状態でした。

　一方、屋外では電動車いすに乗って犬と散歩に出かけることができました。近所で電動車いすに乗っている人はみかけませんから、物珍しく、あちこちから声をかけられたそうです。また、Ａさんが気さくに話かけるので、すぐに仲良くなり、近所の果物農家から梨をもらい、お返しにＡさんが自宅でつくった花をあげるというやりとりが始まったそうです。コミュニティづくりに必要なのは、こうしたちょっとしたやりとりなのだと気づかされました。

　Ａさんは、最低限自分の身の周りのことはほかの人の手を借りないでやりたい、家事もできることは家族に迷惑をかけたくないからと食後の食器を片づけたり、洗濯物を干したりしていました。両膝の変形性関節症により、両手を離して立っていることができないので、洗い物をするときはシンクに身体を預ける形で立ちます。洗濯物は自分と夫のものくらいはと部屋に干しています。肩が痛くて腕が上がらないため座ったままハンガーに掛けられるよう、Ａさんの夫が専用の物干し棒をつくってくれたそうです。また、編み物が得意で、色の組み合わせを考えながら小物をつくっては、訪問した私にみせてくれました。一時は、「ご飯と風呂の時間以外はずっと編み棒をもってるんだ」と夫にいわれるほどでした。

　Ａさんの生活を支援していくうえでの課題は、①健康状態の管理、②身体機能の維持、③役割をもった生活の継続と考えました。特に、「畑で忙しい家族に面倒をかけないように、自分ができることは続けたい」というＡさんの気持ちは大事にしたいと考えました。そのため、心疾患の悪化を予防できるよう、主治医にリハビリテーションの負荷量について何度も確認しました。また、入退院を繰り返したときは、退院時に主治医から説明を受ける際に通所リハビリテーションの看護師にも同席してもらい、対応方法について共有できるようにしました。通所リハビリテーションのスタッフも、本人の状態に合わせて、無理をせず、かつ身体機能が維持できるようリハビリテーションを進めています。

　ここ２～３年は、入院することなく生活できていますが、歳とともに徐々に機能の低下がみられるようになってきました。趣味の編み物にも手が出なくなってきています。家のなかは車いすで移動することが多くなりましたが、「トイレだけは自分で行きたい」と歩行器での移動を続けています。また、週３回の通所リハビリテーションも、「待っている友だちがいるから」といって滅多に休むことはありません。面倒見のいいＡさんのことを、ほかの利用者はみんな頼りにしているのです。このことも、Ａさんにとっては生きがいになっています。Ａさん自身も、「私がお友だちの話を聞いてあげないと」という思いが、自分の頑張る力になっていることを知っています。そこを支えていくことが、支援していく担当ケアマネジャーの課題と考えています。

コメント

　全村避難に伴い転居し、Ｆ市に新しい住まいを構え、そこで地域の人ともよい関係をつくりながら精一杯自分らしく生きている人の支援の紹介です。担当したケアマネジャーは、「震災から 10 年が過ぎ、日々の生活のなかではだんだんと薄れていく記憶ではあるが、新しい環境や生活になじめるよう支援するのはもちろんのこと、反面忘れてはならない『地元への想い』や『村民間の絆』といったことに配慮できる支援者でありたいと、この事例をまとめながら改めて感じたところである」と振り返っています。

　一見すれば現状に満足し、いきいきと暮らしているようにみえていても、心のなかには取り戻すことのできなかった暮らしへの未練や、ぶつける対象のない悲しみや怒りを抱えている避難者は多いはずです。そこに思いをはせ、寄り添い、受け止める準備を忘れてはなりません。そして、それを吐露されたときに、しっかりと向き合い、逃げずに受け止められる支援者でありたいと思います。

9 施設利用者の受け入れ

元・特別養護老人ホーム　寿恵園　現・寿恵園居宅介護支援事業所

松　崎　有希央

■利用者概況

　　名前：Aさん
　　年齢：98歳
　　性別：女性

■生活歴

　Aさんはｔ町に生まれ、幼い頃から知的障害がありました。姉弟や姪夫婦の支援を受けて、家事手伝いをしながら生活していました。同居していた姉も高齢となったため、1988（昭和63）年12月から養護老人ホームｔ荘に入所しています。

　東日本大震災原発事故により、ビッグパレットふくしまに避難し、その後、矢祭町の特別養護老人ホームへ移動し、2011（平成23）年4月27日に著者が勤務する特別養護老人ホーム寿恵園に入所しました。

■支援の経過

　ｔ荘施設長とその避難先の特別養護老人ホーム施設長から連絡があり、寿恵園へ避難利用者受け入れの相談がありました。寿恵園でも避難者を受け入れる方向で話が進み、最終的に、寿恵園に対しては5名の避難者受け入れが依頼されました。しかし、一度に5名を受け入れることは職員やほかの利用者に負担がかかるため、3回に分けて入所を進めていくように調整し、一人ひとりの利用者の受け入れを丁寧に行うことで特別養護老人ホームとしての本来の機能やケアの質を落とすことなく入所につなげることができました。

　避難してきた利用者の情報は、名前、要介護度、避難施設での薬の情報、血液検査の結果程度でした。受け入れに対する大きな不安がありましたが、原発事故で着の身着のまま見知らぬ土地へ避難してきた利用者のことを思うと、不安を押し殺し、笑顔で迎えに行こうという気持ちになりました。

　2011（平成23）年3月30日に男性3名、同年4月27日に女性1名、同年6月1日に女性1名が入所しました。

　4月27日に入所したAさんを、Y町の避難施設へ迎えに行くと、少し不安げな表情をみ

せながらも私たちへ大きな声で「よろしくお願いします」と声を掛けてくれたことを覚えています。

　私たちは避難先の施設職員から基本情報の申し送りを預かり施設へ戻りました。Ａさんは原発事故によって避難を繰り返していました。寿恵園への移動についても自分の意志ではなく、移動しなくてはならないという状況であり、心や体に対するストレスは計り知れないものと感じました。

　入所時に行った聞き取りアセスメントでは、Ａさんは、食べ物や物事の好き嫌いなどをはっきりと話し、また、車いすの自走ができ、トイレへも自分で向かうことができました。介助が必要な際は自ら職員を呼び、そのつど、対応することができました。

　寿恵園では通常、新規利用者の受け入れについては、まず基本情報を共有し、その人の生活歴や家族状況、ADL、IADL などの情報をもとに準備を進めます。そして、入所前実態調査を通じてさらにアセスメントを行い、スムーズに入所できるようにします。しかし、避難してきた利用者の受け入れについてはそれができなかったため、みんなで知恵を出し合うこととなり、その経験が寿恵園全体のサービスとケアの質の向上につながっていったと思います。

　Ａさんは入所してから体調を大きく崩すことはありませんでしたが、夜間は不安が強くなるのか職員を呼び、排泄介助の訴えなどが頻繁にありました。また、「電気をつけてほしい」ということもあり、床頭台の電気をつけて就寝することもありました。入所してからは、まず施設の生活に慣れてもらい、ほかの利用者と円滑なコミュニケーションができるよう支援していきました。

　施設での生活が 2 年目を迎えようとする頃には、Ａさんは寿恵園での生活にも慣れてきて、職員やほかの利用者を気遣う姿が多くみられるようになっていました。

　Ａさんは、自分でトイレへ行こうとした際、度々転倒するようになりました。高齢で筋力低下もあり、めまいの訴えもあるため転倒のリスクは高く、私たちはそのつど支援内容を見直しました。自立支援に向けた支援内容を検討し、なるべく自分の足を動かす機会を多くする、体操やレクリエーションへの参加を促すなど、重点的に支援していきました。達成感が感じられるように職員全員でかかわることにしました。

　2013（平成 25）年 1 月から T 荘が K 市で仮設養護老人ホームとして再建されることとなりましたが、Ａさんの状態が寿恵園の生活にも慣れて安定していることから、このまま寿恵園で支援をしていき、最期まで過ごしてもらうことになりました。

　寿恵園に入所したときにすでに 88 歳だったＡさんは、年を追うごとに筋力低下や体の動きにくさなどが現れ、徐々に ADL が低下していきました。2016（平成 28）年 5 月には 38 度台の高熱を出し、食事も十分に食べられないときもありました。熱が下がり、体調が回復しても、以前は自分でできていたことが困難になってきました。さらにＡさんからは食

事について「いらない、もうたくさん（おなかいっぱい）です」との訴えが聞かれるように
なり、食事摂取量は徐々に低下していきました。食事形態の見直しや補助食品などを検
討し、本人の嗜好を尊重して無理なく食べられるものを提供していくこととしました。

　Aさんは、今年で98歳になります。現在も寿恵園で生活しており、生活全般に介助を必
要とする状態であるものの、食事については、リクライニング車いすへ移乗し、ホールで
介助を受けながらほかの利用者と一緒に摂っています。食事の時間は、みんなの顔を見て
会話をしながら楽しみを感じられるような雰囲気で過ごしてもらえるよう心がけていま
す。

　2019（令和元）年4月にT荘の施設長から「震災当時、各施設へ避難された利用者では
Aさん以外は全員お亡くなりになられました」との話がありました。寿恵園でも、避難し
てきた5名の利用者のうちAさん以外の人は亡くなり施設で看取りました。

　避難者を受け入れて、現在も支援は続いていますが、東日本大震災というそれまで経験
したことのない災害における対応にはさまざまな課題もありました。それぞれの地域にお
ける避難の問題もありますが、まずは自分の施設の利用者について普段からアセスメント、
支援経過の整理などを行い、災害が起こってもその状況の変化にできる限り対応し、利用
者の生活の質を維持していくことが課題であると考えます。

　震災をきっかけに職員の意識が変わり、これからの支援に何が大切か、そのとき何がで
きるかを話し合い、さまざまな取り組みを行っています。利用者のニーズを把握し、個別
ケアにつなげていくことで有意義ないきた支援ができるのだと思います。利用者の気持ち
に寄り添い、言葉にできない感情を汲み取り、代弁していくケアマネジャーとしての本質
が理解できたと思います。

コメント

　震災と原発事故により避難を余儀なくされた施設入所者への支援事例です。すでに
入居している利用者に加えて、避難者を受け入れるということ、さらに通常の新規利
用者の受け入れと異なり情報量も少なく準備のための時間にも制限があり、不安のな
かでのスタートであったことがうかがわれます。しかし、その厳しい条件を乗り越え
ることで、本来のサービスとケアの質を向上できたという報告をうれしく感じました。

　Aさんの力もあるのでしょうが、もともとAさんがいた同じ施設から避難した人が
亡くなるなか、入所時すでに88歳だったAさんだけが98歳になる今も、施設で過ご
しているのは、職員一丸となった、たゆまぬケアの賜物と考えます。

　普段、出会うことのない利用者との出会いを学びと気づきの機会として捉えて努力
していること、年々進む機能低下や食欲不振に対して工夫を凝らしながら、その低下

のスピードを遅らせ生活のなかでの喜びをみつけていこうとする姿勢には、本当に頭が下がる思いです。

　優れた取り組みを知ることとともに、改めてケアマネジャーとしての支援のあり方や何を求めていかなければならないかを考えさせられました。

10 避難先でのコミュニケーション形成が
難しかったケース

株式会社ケアネット　会津サービスサンター

本 名 由 美

■利用者概要

名前：Aさん

年齢：74歳

性別：男性

家族構成：一人暮らし

■支援経過

東日本大震災で罹災し、I市の仮設集合住宅で避難生活を送っていました。避難元の地域包括支援センターからの依頼で支援開始となり、同行訪問することになりました。

「こんにちは。○○包括の○○です。Aさん、いらっしゃいますか」と、地域包括支援センターの職員が数回、玄関ドアをノックすると、「はいよー」と元気な声が中からしました。ラフな格好をしたAさん。まだまだ寝るには早い時間帯でしたが、カーテンは閉め切ったままの薄暗い室内でした。「今日は何用かな」といいながら、手招きをして、快く中に入れてくれました。床には日用品が無造作に置かれ、テーブルの上は、調味料や嗜好品であふれていました。天気がよい日でしたが、洗濯物は屋外ではなく、室内に干されていました。

包括職員が「今日は、紹介したい人がいてAさんに会いに来ました」と口火を切り、私が話すきっかけをつくってくれました。「Aさん初めまして。本名と言います。」と名刺を渡して挨拶すると、名刺をじっとみて、「ほんな、本名さんっていうのか。珍しい苗字だな。こっちには多いのかな」と質問をしてくれました。「I市内では、あまりないですね。隣町には多いみたいです」「そうか。それで本名さんは何をしてくれる人？」とのAさんの言葉に、包括職員が説明をしてくれました。これまでは、自分一人（包括職員）が訪問をしていたが、都合がつかないこともあるので本名さんも仲間に加わってAさんの相談や定期的に訪問に来たいこと。同年代の人がいるところに行って、話をしたり運動をしたりもできるので、そういうことを調整する人だということを伝えてくれました。

ケアマネジャーから、デイサービスの利用を提案しました。Aさんは、「（ケアマネジャーが）来るのはいいよ。でも、そういうところは行かなくていいな」との反応でした。「そこ

でお風呂に入ることもできますよ」と提案しても、「運転して、温泉に行っているからいいんだ」との答えでした。もちろん、仮設住宅にはお風呂場もありましたが、Ａさんは使用していませんでした。当時、Ａさんは車の運転もしていました。ただ、しまい忘れや物忘れが徐々に目立つようになってきていたため、免許返納も視野に入れる時期でした。

　また、Ａさんは被災地の出身ではありません。震災の数年前に引っ越ししてきたため、地域との交流がありませんでした。集合住宅でも他者との交流がなかったため、介護サービス（デイサービス）の提案をしたのです。Ａさんからは「考えておくよ」という返答でした。その日は、そこで退室しました。

　その後、時間を要しましたが、デイサービスの定期的な利用につながりました。当初は続けられるのか不安もありましたが、利用を始めると楽しんでいる様子でした。

　デイサービス利用のある日のことでした。デイサービス事業所から、「迎えに来たが本人が出てこない。携帯電話にも連絡したが、連絡がつかない」との連絡がありました。携帯電話に数回連絡し、ようやくつながりました。「Ａさん、本名です。大丈夫ですか？　デイサービスの方が、お迎えに行っていますよ」「今、バスに乗ってるよ。デイサービス？　このバスは違うのかな」との返事。仮設住宅が始発の、役場行きのバスに乗ってしまったのだと理解できました。「Ａさん、そのバスは途中で降りないで、終点まで乗ってきてください。終点に私が待ってます」「あんたの顔、なんだか思い出せなくなっちまった。バスが着いたら、手を振って教えてもらえないか」と不安げな声でした。「大丈夫です。ちゃんと手を振ります。安心して終点まで来てください」といって電話を切りました。

　デイサービス事業所の職員に事情を説明し、私はバスの到着を待っていました。途中、デイサービス事業所の職員もバス停に合流してくれました。その後、Ａさんが乗車しているバスが到着し、一番前の席にＡさんの姿を確認できました。バスから降車してきたＡさんは、片手にしっかりと入浴用のタオルを握りしめていました。手を振り駆け寄った私をみて、「よかった。あんたがいなかったらどうしようかと思ってた」といって、デイサービスの車に乗り込み、笑顔で手を振ってデイサービスへ出かけました。あの日の、入浴用のタオルを握りしめたＡさんの姿は今でもはっきりと覚えています。その頃には、短期記憶も曖昧で忘れることや間違いも多くなってきていましたが、デイサービスに行く、そこでは入浴するということは忘れていなかったのだと思います。

　ある日、県外の警察署から電話がありました。「Ａさんが車で、関係者以外立ち入り禁止の原発へ侵入してしまった。本人に事情聴取しているが的を得ない。携帯電話の履歴の新しい順で電話をしています」との説明でした。

　私とＡさんの関係性について説明し、対応を協議しました。警察からは、「このまま本人に運転をさせるわけにはいかないので、誰かが迎えに来るように」といわれました。地域包括支援センターに連絡し、地域包括支援センターの男性職員が二人で、Ａさんを迎えに

行きました。なぜ、Ａさんがそこに行ったのかはわかりませんが、本人から「被災前はタクシーの運転手で福島原発に何度もお客様をお連れした」と聞いていました。

この出来事を機に、Ａさんは運転をやめました。また、その後のことも考えて後見申立をすることとなりました。Ａさんは、婚姻歴はありましたが、妻はすでに他界しており、子どもとは絶縁状態でした。また、周りにＡさんを知る人はいませんでした。Ａさんの疾病歴も不明でした。本人に聞いてもわかりませんでした。認知症の薬の服用を始めましたが、状態は悪くなる一方で、一人暮らしを続けることが難しくなり、利用していたデイサービスを運営している法人の有料老人ホームに入居しました。入居後も職員との関係は良好でした。

入居して１年ほど経ってから、少しずつ食欲が低下していき、入院することになりましたが、症状は改善されることはありませんでした。主治医から方針について説明があり、親族がいなかったため、行政の職員、成年後見人、有料ホームの職員、担当介護支援専門員とで話を聞きました。この後も経口摂取は望めないため、今後の方向性をどうするか判断を求められました。本人の意思確認は難しく、成年後見人も医療行為等の同意はできません。私たち関係者には厳しい内容でした。Ａさんには長生きしてほしいという気持ちはあります。しかし、それは本人の本心なのか。私たちのエゴではないのか。さまざまな思いや葛藤がありました。

関係者で話し合った末、Ａさんの現状を親族に知らせることとし、数人に連絡し、意向を確認しました。回答を得られたのは兄弟姉妹の一人のみでした。最終的には自然に任せ、数か月後、Ａさんは息を引き取りました。

コメント

震災、原発事故により避難してきた一人暮らしの利用者を支援することになった事例です。利用者は避難元の地域の出身ではなかったうえ、地縁・血縁も薄く、ケアマネジャーとの間の関係性の構築や、サービスの必要性の理解も難しいケースでした。

それでもサービスにつながった後は、認知症の進行がみられてもサービスがしっかり存在していたことがわかるエピソードも紹介されています。その後、一人暮らしができなくなり有料老人ホーム入居後、体調を崩し入院に至ります。その際、治療方針を決定する立場にある人がなく、利用者は結局亡くなりました。

突然、生活の場が変わっただけでなく、それ以前の生活の場や家族とも縁の薄かった人の支援の難しさがうかがえます。本人が多くを語らないだけでなく、そこに病気も重なってきた場合には、何を根拠として選択肢を示し、どう自己決定を支えていけばよいか、改めて考えさせられました。この事例では、そのときにかかわっていた関

係者間で課題を共有し、方向性を決めていきました。

　今後、親族がいないというケースにも多く出会うことであろうことは想像に難くありません。元気なうちからその人の希望について話題にするとともに、自分自身も最後をどう過ごしていきたいのか考えておきたいと思います。

11 大震災に伴って生活環境の変化に大きく影響を受けた認知症高齢者の事例

新地町在宅介護支援センター

門 馬 巧

■利用者概要

　名前：Aさん

　年齢：77歳

　性別：女性

　家族構成：長男夫婦と同居（長男59歳、長男の妻49歳）

■被災時の状況

　2011（平成23）年3月11日（金）午後2時46分、マグニチュード9.0の巨大地震が発生し、S町では最大震度6強を観測しました。Aさんは震災当時、目の前に海の見える一戸建ての持ち家に長男夫婦と暮らしていました。夫は震災3年前に他界しています。当時は自宅で長男の妻が美容室を経営しており、本人の友人をはじめ近隣住民も通う寄合の場になっていました。巨大地震後の大津波により自宅とその周囲すべてが流されました。

　指定避難所に家族全員で身を寄せることになり長い避難生活が始まりました。全国から寄せられる支援物資や善意は大変ありがたく、避難所に居合わせて生活していた被災者みんなで声を掛け合いながら過ごしていました。当時の避難所は仕切りがなく、雑魚寝の状況で心身ともに大変な時期でした。巨大地震と大津波により原発事故も発生しました。新地町は原発から30km圏外の地域で立ち入り禁止などの措置はありませんでしたが、目に見えない放射能の恐怖もあり、多くの町民が遠方に避難しました。

■支援経過

　Aさんは震災前にアルツハイマー型認知症の診断を受けていましたが、当時は軽度の物忘れや短期記憶の低下がみられる程度で、服薬や金銭等の管理能力や身体機能も比較的維持されていて家族にかかる介護の手間や負担は少ない状況でした。本人が震災前に利用していたデイサービスは事業所の機能が停止し、サービス提供はストップしたままでした。サービス再開までは数か月の期間を必要としました。

　避難所を経て仮設住宅に移って生活するようになった頃から、近隣市町村も含めた地域のサービス事業者がサービスを再開できる状況になりました。改めて介護支援専門員とし

て仮設住宅への訪問を重ね、本人に対する日常生活の支援を再開しました。仮設住宅は手狭でしたが避難所生活と比べてプライバシーは保たれていたため、精神的な苦痛がなく過ごせたようでした。震災前と比べると仮設住宅に移る頃には物忘れが多くなり、直前のこともすぐ忘れてしまって、認知症が進行していました。家族も戸惑い、精神的負担が増えていきました。

　避難前から利用していたデイサービスを再開し、当初は週1回の利用だったところを、認知症の進行からくるさまざまな変化と家族の介護負担が増えたことから週2回に増やすことになりました。仮設住宅がある敷地内では比較的同じ地域の被災者が集まって生活をしていたため、震災前と同様のコミュニティーがあり、顔馴染みも多く、閉じこもるようなことも多くありませんでした。ご近所同士で声を掛け合い、集会場などに集まって談笑するような機会もありました。

　その後、防災集団移転により高台に宅地が造成され、災害公営住宅に移って生活するようになりました。仮設住宅で一緒に過ごした同じ地域の被災者も一緒の地区に移り住んだことでコミュニティーは保たれました。しかし、時間の経過とともにさらに認知症は進行し、家族の介護負担が大きくなったことからデイサービスを週3回に増やして対応しました。デイサービスは、本人が大変楽しみにしており、利用回数を増やすことに対する拒否や不安のなかったことが家族としても大きな要因でした。日常生活全般にわたって家族介護を中心としてきており、デイサービス以外の公的なサービスについては利用意向も必要性もありませんでした。

　インフォーマル支援としてデイサービス以外で本人の楽しみや寄合の場として拠り所となったものが震災後に有志で立ち上げたお茶会です。これは、同じ地域の被災者同士で声を掛け合って数名規模で週1回、集団移転の敷地内にある東屋に集まり、お茶菓子や飲み物を持ち寄って近況を話す「しゃべり場」です。これは同じ地域の被災者同士のつながりの強さや深さを感じる機会となっています。

　徐々に本人の認知症は進行し、家の中でも寝室やトイレなど場所がわからなくなったり、居場所を混同したり、見当識障害もみられるようになってきたため、家族の介護負担がより大きくなっている状況でした。現在は、本人が楽しみにしているデイサービスを週4回に増やして利用しています。お茶会も続いており、月曜日から金曜日まで家族以外との交流の場を確保しています。同時に家族の介護負担の軽減も意識して支援につなげています。顔なじみとの接点は本人にとって大変よい刺激となっており、主治医からもこのような生活の継続を勧められています。

　震災から10年が経過し、今の生活にも慣れて安寧な日常を送っている反面、本人の心身機能低下や家族の加齢に伴う変化にも直面しており、新たな生活課題も出はじめています。お茶会に参加できなくなってきた友人も多くなり、現下のコロナ禍も相まって人との接触

や距離をとらなければならない現状で地域とのつながりをどのように確保していくかが課題です。デイサービスにおける他者とのかかわりや接点とは異なる、本人の心に昔から根づいている顔なじみの古きよき友人との関係を少しでも長く維持できるようにしていくことを大切にしていきたいと思っています。

コメント

　震災により避難を余儀なくされたものの、地域のコミュニティーが保たれた形での避難所、仮設住宅、そして災害公営住宅への転居であったことが幸いし、認知症が進行したにもかかわらず、家族の支援を受けながら生活が続いている事例です。

　ケアマネジャーは本人のなじみの関係を保つことを大切にすると同時に、介護負担が増した家族に対する支援も忘れていません。しかし加齢と、新型コロナウイルス感染症の状況から、顔なじみと直接交流する機会が減っていることをふまえ、なじみの関係をこれからも大切に維持していこうとしています。

　高齢者にとって生活環境の激変が非常に大きな影響を与えることは周知の事実です。物理的環境については仕方ないとしても、人間関係が変わらないことは、精神的な安定に不可欠であることが伝わってます。また、直接交流することが難しいなか、どのような交流が可能なのか、関係性を維持するためによい形を考えていくことが重要です。

第 3 章　震災発生からのケアマネジャーの思い

1 東日本大震災と私の決意

浜通り　女性

　私は3階建鉄筋コンクリートの1階事務所で被災しました。建物は崩れ落ち、女性職員4人で駐車場に避難しました。車は前後に揺れ、まるで人が乗っているように動き、悲鳴を上げながら車にしがみついていたことを思い出します。直後の津波は30cm程度と報道されたように記憶しています。しかし、消防車が走り「浜方面が大変なことになってる」と悲痛な声が聞こえてきました。

　「まさか、まさか」と思いながら時間が過ぎ、その後に第2波の津波警報が鳴りました。それまでにないことが起こっているのだと感じました。

　翌日ラジオをつけました。マグニチュード8.8、死者、行方不明者多数。未だ人数は把握できないとのこと。翌日また翌日と死者、行方不明者の数がだんだん増えていきます。不安や心配とも違った感情になりました。

　テレビやラジオの報道でもかなりの衝撃でしたが、実際、現地に行って自分の目で見る光景はまさに地獄絵のようでした。涙が出ました。心臓がどきどきして落ち着かなかったことを思い出します。

　事業所では自分一人がケアマネジャーで、利用者宅に行かなければ、行かなければと気持ちだけが焦っていました。幸い訪問車はガス車だったので動くことができました。

　「負けない。あきらめない。やれることはやらなければ」と心に誓いながらケアマネジャーとしての活動をしていました。

　毎日、一人暮らしの利用者の安否確認、食料品の確保などのほか、情報収集や手続きのために避難所、市役所へ行くなど、休まず活動していました。「利用者様を守ること」を念頭においた活動は、本来の「ケアマネジメント」や「アセスメント」とは異なる活動にはなってしまいましたが。

　あるとき、利用者様宅を訪問して事務所に戻ったら、電話番以外誰もいなくなっていました。原発が爆発したから市街に避難したとのことでした。「私は置き去りにされ残された」という気持ちが先走り、「自分の身は自分で守るということだったのだろうか」と自問自答を繰り返しました。

　それから1週間ほどが過ぎた頃、某病院からケアマネジャー担当の依頼がありました。他の事業所が担当であったものの、今は担当がいないということです。その利用者様は拒否が強く、自宅にも入れてもらえない方で、透析治療も行っている難しい方でした。サービスの内容は、透析の際の送迎と家事サービスで男性スタッフが家事支援をしていました。

　その頃に男性スタッフがヘルパーとしてここに残り介護を続けていることにびっくりしました。震災で家族が不明なのに利用者様を守っていたのでした。また、仕事も丁寧で感動すら覚えました。

　現在、私はその感動的な事業所に籍をおいています。震災前は1名のケアマネジャーでしたが現在は4人います。震災後に増えてきました。

　震災後、私はケアマネジャーとしての決意として「負けない。あきらめない。生きてやる」をモットーに今後も活動していきます。

2 震災後10年の時間と時代の変化がもたらす介護職員不足

浜通り　男性

　震災後からこれまで介護現場をみたとき、現実に危ないと思ったことがあります。「介護職員の高齢化」と「新たな介護職員の確保」です。震災当時、介護職員の中心だった人が徐々に退職していき、それを補う新人の介護職員がみつからないということです。

　震災後、地元に戻り、介護職員になることに二の足を踏むことは容易に想像できます。家族もそれを勧めないことも想像できます。全国で介護職員の不足がささやかれているなか、その先頭を走っているのはこの地域なのかもしれないと感じています。

　震災直後、地域のグループホームも職員不足で閉鎖することになり、近隣の施設に移る手続きをしていると聞いたとき、いたたまれない気持ちになったことを思い出します。

　震災から10年が過ぎ、復興道路や港の建設、子ども公園、お出かけバスやスーパーの移動販売など、地域の整備は震災前より充実してきました。しかし、介護支援専門員や介護福祉、地域福祉にかかわる者として、地域の新しい環境を受け入れることはできても介護保険事業はよい方向に進んでいないようにも感じます。特に、新たな介護職員や介護支援専門員はどこにいるのかと考えると不安になります。介護福祉士も専門学校等の卒業後に試験を受けないといけなくなり、介護支援専門員の合格率も弁護士並みに低くなっています。専門職としての地位は上がりましたが、この業界の門をたたく若い人が極端に少なくなったと感じ、「10年間という時間と時代の変化」を改めて感じています。

　この地域に20代の介護ヘルパーは皆無です。実務についている30代の介護支援専門員も片手で足りるでしょう。介護にかかわる職員をみれば、今後10年後には何人残っているのだろう、介護保険制度の継続はできるのだろうかと不安にもなります。

　震災以前は全国大手の事業所がこの地域で介護事業を行うことに疑問をもったときもありましたが、今は職員つきで開所しますので、それもよいことだと思っています。

　現在は、介護サービスも震災による制度が切れるにつれ、受け入れる事業所にも余裕が出てきています。しかし、地域の問題は震災後急激な変化を経て、今に至っていますので、地域の整備とは裏腹に人の気持ちや介護人材不足、地域の変化に戸惑いながら業務を行っています。このことは、まだまだ復興の半ばだといわざるを得ません。

3　冬の暮らし方支援

会津地方　男性

　震災後、会津若松市に多くの町民が避難している楢葉町職員から、町民の多数が初めて迎える会津の冬に対する不安や心配、恐怖を訴えていることが報告されました。

　また、さまざまな会議で、大熊町と楢葉町の出席者から、避難している町職員、町社会福祉協議会職員、生活支援相談員を対象に「会津地方での冬の暮らし方」をレクチャーしてほしいという要望が寄せられました。

　このような要望を受け、福島県の支援チームメンバーで作業療法士を中心として「冬の暮らしに備えるための指南書」（雪道の歩き方、除雪作業、仮設住宅等での過ごし方、屋外での注意点、車の備え、冬道の運転のコツ、冬の道路状況）を12月に作成し、避難世帯全戸に配布しました。

　その後、会津美里町の「サポートセンターならは」において、楢葉町職員等を対象にした学習会「冬の暮らしに備えて」を開催しました。3日間で計4回、楢葉町の仮設住宅集会所において、支援チームのメンバーが雪道での歩き方や寒さ対策、健康管理、靴の選び方、洗濯物の干し方などの講話を行いました。

　避難生活2年目の2012（平成24）年の冬には、楢葉町に加えて大熊町からも冬の暮らし方の講習会の要望があり、前年度に作成・配布した「指南書」をバージョンアップし、「冬の暮らし方──安全・安心に過ごすために」（安全な冬道の歩き方、除雪作業、冬の車の運転）と題したパンフレットを1,500部作成し、楢葉町と大熊町の避難者を中心に配布しました。

　大熊町民約30人を対象に大熊町「冬の暮らし方」講習会を開催しました。昨年、雪道で転んでけがをした人や、除雪で苦労された人が多く参加していました。理学療法士が、①雪道の歩き方、②除雪の仕方、③屋内や屋外での生活の注意点、④車の運転について、簡単な実技を交え、講義を行いました。その後、参加者、行政、支援チームのメンバーがグループに分かれて冬の生活における不安や疑問などについて意見交換を行いました。

　参加者はメモを取りながら講義を熱心に聞き入り、「去年は雪道で転んで大変だった。講義で学んだ内容を試してみたい」と話していました。

　同じ福島県であっても震災に遭った地域では雪が降らず、生活環境の変化、気候の変化になじむには非常に時間がかかり、地元への気持ちも生まれ、支援している側としても同じ福島県民としても複雑な気持ちになりました。

4 仮設住宅生活後の住民の考え方の変化

浜通り　男性

　仮設住宅ができて地域の人たちの生活や考え方も変わり、介護支援専門員としても生活の変化に対応すべく活動しなくてはならなくなりました。

　仮設住宅は狭く、入居にあたって2部屋を借り、それぞれ離れて別の仮設住宅に暮らす家族が増えました。すると生活が別になって高齢者をみることもなくなり、介護サービスに頼る人も増えます。また、一緒に住んでいた息子夫婦が亡くなり、孫の家で生活をすることになり、迷惑をかけたくないと施設へ入所したい、デイサービスやショートステイを多めに利用したいという、震災後の地区ならではの要望も増えてきました。

　災害に遭った地域にとどまり、亡くなった人を知っていてもこの地域で生活していく、突然一人暮らしや高齢者二人だけの暮らしになってもその地域で暮らしていくという覚悟で生活し始めた人とのかかわりが始まりました。本人に寄り添えば寄り添うほど、本人に近づくことができない、震災の話を聞きながらのアセスメントをするのがつらい時期となったことを思い出します。

　また、精神、知的、身体の障害を抱え生活している本人や家族、内縁の夫婦の問題なども増え、一挙に「多問題を抱えている家族支援」が急務となりました。突然、この地区の地域福祉が「都会化」したと感じました。8050問題も地域の力で解決してきたこの地域もバランスを崩し、福祉の介入が必要になった瞬間だと思います。

　その後、仮設住宅から復興住宅、自宅の再建築等に変わっていきました。相馬地方の復興住宅は、以前住んでいた地区の近くにその人たちが入居できコミュニティーが保てる配慮をしています。また、阪神淡路の震災を教訓に、孤立する人をいち早く救えるよう、マンションタイプではなく戸建てタイプを建設するといった配慮もされています。「復興長屋」という、一人暮らしの高齢者が寄り添い、一つの長屋で生活できる建物も建設しました。しかし、離れた家族が一緒に住むことも少なくなり、核家族化はいっそう進みました。

　以前の生活ではないことを災害に遭った人は理解しています。災害に遭った地域では、新たな考えやコミュニティーを形成し、そのなかで生活していくことが必要だと感じます。

　その変化の渦に飲み込まれないように活動できる介護支援専門員でありたいと思うと同時に、その役割の大きさを感じています。

5　震災に遭った直後のケアマネジャーとは

浜通り　男性

　災害時、自分の所属している母体が「行政」なのか「病院」なのか「社会福祉協議会」なのか「老人ホーム」なのか「個人経営」なのかによって介護支援専門員という役割をもっていても、「所属の職員」になるということを忘れてはいけないということを知りました。有事の際は資格の職種より所属の職員になるということに気がつきました。

　介護支援専門員だから、事務職だから、介護職員だからと職種ではなく自分の母体の指示により、職場の職員としての行動をしなくてはならないのです。それによって地域を守る役割が異なるのです。

　また、「震災に遭っている地域」では、「地域を守っている職員も震災に遭っている」のです。家が流された人、家族を亡くしている人もその地域の人です。行政職員や介護支援専門員だから被害に遭っていない訳はないのです。そんな葛藤ももちつつ、避難所の運営や災害支援にあたっていました。家に帰りたい人、家族を探したい人、子どもの面倒をみなくてはならない人も必死で避難所の運営や職場の業務等を行い、そのなかで介護支援専門員としての役割を果たしていくのです。地元が災害に遭っても、自分が災害に遭っても業務は続きます。母体の仕事も地域での役割も担い続くのです。

　要支援認定者で市街へ避難した人への手当ても増えます。市街へ引き取られ、または避難した高齢者は避難先で介護サービスを受けます。しかし、要支援認定者だけは居住地の地域包括支援センターと避難先の居宅介護支援事業所と委託契約を結ばなくてはなりません。地域包括支援センター同士だと市町村同士の契約となります。被災地が新たな行政業務を担うことはかなりの負担となることでしょう。そのため、被災している地域包括支援センターは避難先の居宅介護支援事業所と契約するのです。

　その委託契約を1日に何十か所と交わさなくてはならず、「契約書類をつくる」「契約書の送付（での締結）」が、被災した地域包括支援センターの業務にあって、かなりの負担でした。北海道から沖縄まで全国の居宅介護支援事業所と委託契約を結びました。その後も請求をするのは居住地域の地域包括支援センターですから、震災後もこの負担は除けないのですが……。

　なお、次々に震災特例の取り扱いにかかわるFAXが地域包括支援センターに届き、それを居宅介護支援事業所へ回すのがそのときは精一杯でした。解釈が難しい公文書には手を焼いたことを思い出します。問い合わせに対しても解釈が難しく返答できずに責められたこともありました。このようなことを経験し、現在に至っています。

6 被災した地域での職員育成と多職種連携

浜通り　女性

　東日本大震災及び東京電力福島第一原子力発電所事故から、10年が経過しました。未曽有の大震災後の双葉郡の状況をいわき市からみつづけ、移転再開期から携わった施設ケアマネジメントを担う介護支援専門員としての視点からこの10年を振り返り、記したいと思います。

　「他人事ではない、施設を支えきった職員のために、第一は利用者のために助け合うことが当たり前のことであり肝要だ」との思いで助力いただいたことは、今もなお、私たちの心の中に残っており、感謝の念に堪えません。施設には多くの介護支援専門員もいたと思います。その尽力に改めて感謝の気持ちを伝えたいと思います。

　移転再開をアナウンスした直後は、双葉郡の地域包括支援センターや役所からの相談・調整が多くを占めました。その後、いわき市内の居宅介護支援事業所からの問い合わせも入るようになりました。

　権利侵害を受けた高齢者の保護対応もあり、震災が及ぼす影響は広く、また深いものでした。逆に、本人の思いを尊重し権利を擁護するため、在宅復帰に向けた支援展開もあって、故郷での生活が叶った人もいました。施設内外の医師や出身町村の役場、いわき市を巻き込み協働できたことはよい経験になりました。根拠ある支援の重要性を再認識することもできました。

　震災により、高齢者を取り巻く状況は複雑になり、地域の介護資源も、人の移動、流出により大きく変化しました。特別養護老人ホームであっても、医療依存度の高い利用者の対応を検討することも多くなっています。昨年末には、施設内外の多職種と検討を重ね、入院により透析治療が導入された入所者の対応を、オンフール双葉で続けることができました。今後も自分の立ち位置から、医療・福祉・介護を担う人材育成を継続していきたいと思います。

　また、私たち介護支援専門員には、専門資格を有する「個人」という立場と介護支援専門員として組織に属する「組織人」としての立場があります。その狭間に悩ましさを感じた経験は、皆さんがもったことでしょう。

　私たちは、「本人が望むことは何か」「本人にとって望ましいことは何か」「できることは何か」「できないことは何か」を自分一人ではなくチームで考察し、「本人と家族と支援者が共有する道しるべ」を多職種でつくり上げていくものであること。そして、考え、見極め、紡いでいく、この姿勢はどちらの立場であっても忘れてはなりません。

　どのような状況下においても、広い視野をもち、自己のもてる力を発揮し、人と人との関係性を結びながら、本人・家族の思いに沿った対処策、解決策を見い出す……。自分自身もこれを目指し、今後もそのような介護支援専門員の育成を心がけていきたいと思っています。

　震災から 10 年、環境は段階的に変化しています。人々の体や心が、置き去りになっていないことを願わずにはいられません。

7 施設再開と環境づくりとケアマネジメント

浜通り　女性

　オンフール双葉は、県・浪江町・いわき市との協議により、浪江町を中心とした双葉郡に住所のある被災高齢者を受け入れる施設として、いわき市で再スタートしました。

　移転再開時の課題は、何といっても、震災や避難生活によって損なわれた高齢者の健康問題への対応でした。メンタルヘルスケアを含め、取り組むべき課題となりました。高齢者は、さまざまな持病を抱えていることが多く、些細な環境の変化で心身の調子を容易に崩します。持病の悪化や再発への対応、生活不活発病への対応が必要と考え、「被災高齢者へのきめ細やかな対応」を施設ケアの重点課題としました。

　施設ケアマネジメントは、チームケアの実践です。24時間365日継続される利用者の生活の支援は、多職種が連携してこそ成し遂げられます。当施設では、入職時に震災の影響を受けた対象者の抱える課題の特徴をしっかり学習したうえで、ケアプランに基づいた個別支援のあり方を、日常の中で、または研修の機会を設けて検討し、理解を深めています。

　入所前の実態把握調査は、市外や県外の対象者の避難先に及ぶことがあります。健康課題を漏れなく把握するため、家族やそのほかの関係者から既往の聴取や、主治医から診療情報、そのほかの関連する医療情報をしっかり収集し、本人・家族の意向を確認しながら、必要なフォローが切れ目なく継続されるよう調整を図ることとしています。

　同時に、避難生活のなかで起きた特記すべき出来事、家族との関係性、震災前の本人の状態、本人の思いの変遷、本人が大切にしているもの・思い・考え……。施設入所に対してどのような意向をもち、どのように納得したのかなどの情報を集めます。入所検討会議には十分に時間をかけ、受け入れ前のその人の全体像の把握に努めています。

　手間を惜しまずに、しっかりと事前準備をすることが、対象者の入所生活を「健やかに・・・穏やかに・・・」（当法人の理念）導き、職員の資質向上にも必ずつながると考えているからです。

　「同郷の人は入っているか」皆さんが入所前にそう尋ねます。「いらっしゃいますよ」「おいでになったら、ご紹介しますね」そう答えると、多くの人がほっとした表情をみせます。

　震災直後、双葉郡の住民の多くが中通りに避難、その後会津へ移動しました。体や気持ちが落ち着いた頃、冬の厳しさを実感し、望郷の念をもつようになったのかもしれません。震災から数年後には、浜通りの南相馬やいわき市へ引っ越しをする人が多くなりました。それに併せて、当施設に入所相談や申し込みをする人が増えました。

　また、出身地の帰村・帰町宣言後は、二重生活を送っている世帯も多くありました。高

齢者だけが戻った、あるいは高齢者は避難先の施設・病院にいるが自分たちだけ戻った、若い世代は戻らないという状況もみられます。「少しでも故郷に近いところに戻ってきたい」「知り合いのいるところで過ごさせてやりたい」という思いから、いわきにあるオンフール双葉に入所を決めた人もいます。

隣町に住まいがあっても知り合いであったり、家が隣接していたという人もいて、談笑する姿をみては、「来ていただいてよかったな」と実感することが多いです。本人が意思疎通できない場合でも、家族同士が知り合いだったというケースもあり、つながりが感じられる日常に、家族とともに安堵することもあります。

一方で、震災後に変化した多様な世帯状況に応じた連携体制にも注意を払っています。遠方に居住する家族も多いため、日常的な家族協力のあり方、緊急時の対応の仕方などを家族とよく話し合うようにしています。

施設入所は「本当に本人が望む暮らしではない」という事実を踏まえて……。施設に迎えた人の震災の影響を少しでも和らげることができるような、人と場所の環境づくりを目指し、今も実践を続けています。

8　私はどこまで応えられているのだろうか。
本人の思いに。家族の思いに

浜通り　男性

　発災直後、私は海岸居住者、独居者、医療依存度が高い利用者を優先して、安否確認や緊急支援をしていました。本人・家族と直接の連絡がとれたのは、震災翌日の夕方で、本人にも家族にもけがはなく、安全を確認できました。実際に訪問、面談できたのは、発災の1週間後でした。

　震災後の初回訪問時に、「お前は担当ケアマネとして信頼できない」と長男にいわれました。担当者の変更やほかの事業所へ変更できることも伝えましたが、長男からは「本人がお前を信頼しているからしかたない。お前に担当を続けさせてやる」といわれました。

　それ以降、長男は私に背を向けたままで、一度も対面して会話をしてくれなくなりました。サービス担当者会議の場でも、私にだけ背を向けていました。また、訪問の最後には、毎回決まって「地震のあのとき、お前は来なかったもんな。今の状態はお前のせいだな」など、30分近く叱責を受けました。

　当時、動悸やめまいがするほど訪問が苦痛でした。それでも、本人が担当することを希望してくれていたことや、（信頼を得られないにしても）長男が会話をしてくれていることを心の拠り所にして、どうにかこうにか、自分を勇気づけて支援を続けました。

　あれから10年近く時を経て、今も夢にみることがあります。考えることがあります。あのときのことを。

9　新人だった頃の震災の記憶

浜通り　女性

　震災の年、私は居宅介護支援専門員の業務を始めてまだ間もない頃でした。

　震災の直後の数週間はガソリンもなく、地震によって段差のできた道路を自転車で移動しながら、なんとか業務を継続していました。被災して住む家を失った利用者がいる避難所や身を寄せている親戚の家を訪問したり、スタッフ自身も被災したため少人数でもなんとか稼働している事業所とサービスの連絡調整をしたり、非現実的で経験したことのない業務を、その時その場所で判断して進めていかなくてはなりませんでした。とにかくやらなければ前へ進めないので、毎日必死に走り回っていたことを思い出します。

　特に印象深いのは、病院から急に退院してくるという高齢の女性で寝たきりのAさんのケースでした。自宅へ受け入れたのは、Aさんからはかなり遠縁にあたるBさんです。Bさんの家は海から離れた内陸部にあり、地盤が強かったおかげか地震による建物への被害は少なく、電気水道等のライフラインも維持されていた地区でした。

　「病院から連絡があって、これ以上入院してもらうことができず、とても困っているといわれて。私はそれほど被災していないし、人助けだと思って受け入れたの……」と、穏やかな表情で話すBさんに私は心動かされました。

　この頃、私の住む地区では生活物資が不足し、街中の商店は閉まっていて、治安も悪く正確な情報も入ってこないため、いつも何かを警戒しているような物々しい雰囲気が漂い、不安な毎日が続いていました。そのような状況下でのBさんの人間らしい優しさは、とても身に沁みました。

　また、当時この地区の病院では人材や物資・薬剤が不足していたうえに、被災者も受け入れていたため、まるで野戦病院のようになっていると聞いていました。退院してきたAさんには、通常の退院調整時ではあり得ないような褥瘡ができており、食事や水分摂取もできておらず、すでに衰弱している様子でした。通常の治療やケアもままならないほどに病院は混乱しているのだと、このとき強く実感しました。

　しかしこのような状況であっても、新規で訪問診療をしてくれるという在宅医と訪問看護、福祉用具貸与をしてくれた事業所を手配できたときは、とてもありがたく、感謝し、心から安心できたことを覚えています。

　Aさんはその後、短期間のうちにそのままBさん宅で亡くなりました。

　あれから10年経ちましたが、日常会話のなかでも「それは震災の前？　それとも震災の後のこと？」と、震災を記憶の時間軸の目安にしています。それほど震災の経験はそれぞ

れに深く強烈に刻まれ、一人ひとりが「人生で震災に遭ったというドラマ」をもっているということだと思います。

　業務においても、それぞれのドラマを語り合って共有し、震災の記憶を途絶えさせないことで、支援につながるヒントがみつかるかもしれません。

　私が経験したドラマの一場面も、その一翼を担えれば幸いです。

10　津波避難と遺体安置所

浜通り　女性

　震災直後の話です。私の担当する利用者の家族が避難所にいるのをみつけました。その家族には、要介護 5 の寝たきりのおばあさんがいました。沿岸部というより、海の目の前に住んでいましたから、家は津波によって流されていることは歴然としていました。

　その家族は私をみつけ「どうにか津波から逃げれたよ」と話しかけてきてくれました。私は「おばあさんは？」と普段の会話の流れで聞いてしまいました。「知っているだろ？　2 階で介護ベッドを利用して介護してたことを。母には申し訳ないが拝んで家を出てきたんだよ」「私らも必死だったので一緒に逃げれなかったよ」と普段どおりの表情で話してくれました。なぜか、それがつらく心に残っています。私は「それは仕方のないことです。とにかく皆さんとお会いできたことに感謝します」と会話をしたことを思い出します。

　その後、その家族を含め、避難所から市内の遺体安置所に家族を探しに行く人たちをみていました。全員とはいいませんが「安心した顔」で帰ってくるのは遺体を安置所で発見した人でした。そのほかの人は「今日もみつけられなかった」と肩を落として帰ってくる姿をみて「遺体をみつけると前を向ける」「遺体がないと今日の続き」であると知りました。当時の私は、遺体をみつけると安心する気持ちになるということを知らなかったため、そのことを理解できず、なぜか遺体安置所から帰ってくる人の相談にのるときは、泣いてばかりいたことを思い出します。

　そのような思いをして現在、市内の新しい住宅には、新しい仏壇が必ずといってよいほどあり、訪問のたびにお線香を欠かさずあげています。

11　震災後の家族関係とサービス利用

浜通り　女性

　避難に伴い若い世代と別居し、一人暮らしや高齢者のみで暮らす世帯が増え、訪問介護に対するニーズが高くなっています。また、震災によってそれまでもっていた役割を失い、できていたことができなくなってしまう、長期にわたる避難により1人での外出が困難になったり、住む場所が変わってしまったために、外出や交流の機会が少なくなったりして、デイサービスを希望する人が増えました。利用を希望してもすぐに利用できないこともありましたが、現在では事業所が増えてきて希望するデイサービスの利用が可能となってきています。ショートステイについては市内のほか、宮城県の施設も利用することで希望する日程を確保しています。

　同居していた子ども家族が遠方に避難し、別居することになったため、うつ病を発症した人や、長期化する避難により身体機能や生活意欲が低下し、介護サービスの利用が必要になる人も多く、環境の変化に伴う影響が見受けられました。

　2019（平成31）年3月をもって仮設住宅の提供が終了されることになり、復興団地へ入居したり、自宅を再建したりとそれぞれの場所で新しい生活を送るようになってきています。長期に及ぶ仮設住宅や借り上げ住宅での生活のなかで、良好な関係ができ、交流も行われていたところから、再度引っ越しすることになり、また新たな環境で生活をスタートすることになることへの負担もあったのではないかと思われます。

　震災後10年が過ぎ、避難生活から通常の日常生活に変わってきているなか、新しい環境での生活において、自分らしい暮らしを送ることができるよう、本人や家族の気持ちに寄り添い、ケアマネジャーとして何ができるかを考えていきたいと思います。

12 あの時に感じたこと、そして今感じていること

中通り　女性

　あの日あの時、ちょうど会議でケアマネジャーが集まっていました。大きな揺れが来て座っていることも難しいなか、天井の電気が落ちたりしたため、無我夢中で机の下に入って揺れが収まるのを待ちました。

　互いの無事を喜び合い、なんとか外に出たところ、小雪交じりの寒さにあれこれ気がかりな利用者の顔が浮かびました。いったんは事務所に戻り、それから何をしたのか、半分夢の中のようです。とにかくその日の仕事を終え、自宅へ戻ってみれば、足の踏み場もありません。なんとか片付け、休めるスペースと食事の確保をしました。

　実際にはどんなことが起きているのか、目の前のことに精一杯で、ニュースを見ても、原発のことも 30 キロ以上離れているので、さほど心配になることもなく、翌日から事故の報道を聞いても「そんなことがあったんだ」といった、どこか他人事のようでした。

　しかし、振り返って自分の暮らしを考えれば、水も止まり、ガスも使えません。ただ電気が通っていたので寒い思いはせずにすんだことが幸いでした。買い物をしたくとも店舗が開いている時間は仕事をしていて、どうやって暮らしていたのか、とにかく必死だったように思います。

　ガソリンも品薄となり、スタンドに並んでも買えるとは限りませんでした。訪問系サービスには優先割り当てが出た際、ケアマネジャーだって訪問するのにと悔しい思いもしました。また、ガソリンを積んだタンクローリーが福島県に入ってくれないという話を聞いたときには、なぜ道路は復旧したのに運んでくれないのだろうと悲しくなりました。

　それが日を追うごとに、浜通りからの避難者がバスで訪れるようになり、その方たちが体育館に集められ、被爆していないか検査されている姿を見聞きすると同時に、ただ事じゃないと実感していきました。

　とにかく水道とガスが復旧し、一応の暮らしが戻り、なんとか暮らせるようになり、利用者さんの安否確認や被災した方への対応等が落ち着いてきた 4 月に入ってからは、ビッグパレットでの支援にも協力しました。ケアマネにしかできないことがあることを実感する機会ともなりました。またその支援を通して、浜通りの、原発事故により避難を余儀なくされた方々の大変さを身近に感じることができました。

　原発事故のニュースや政府の発表を聞いて、説明や情報が何度も変わっていき、不信感を覚えるようになりました。何が正しくて、どう扱えれば自分や家族の身を守れるのかわからなかったからです。市内の至るところに空間線量計が設置され、外で遊ぶこどもの姿

はまったく消えました。外での運動会が再開されるまでにも長い時間がかかりました。

　介護保険の現場にも多くの影響がありました。以前からサービスを利用している利用者さんと避難してきた方との間で、限りある資源を分かち合わなければなりませんでした。私たちにとってはどちらも大切な利用者さんですが、誰を優先させるのかという判断を迫られ苦慮したことも、苦情をぶつけられたこともありました。

　まだまだ避難を続けている方がいます。毎日放射線量の数値がニュースで流れます。福島県の災害はまだ復興の途上です。

13 被害比べ、私はまだいい方なんだ……

中通り　女性

　浜通りの悲惨な状況を見聞きするにつれ、私のなかでは「私は家族も無事で、自宅に住み続けられるし、良かった、たいしたことなかったんだ」と自分に言い聞かせていたように思います。そして少しでも仕事をちゃんとしなくてはと考えていました。

　家が倒壊し、施設入所を余儀なくされた方の手続きを進めながら、避難をしてきた方から「ここでもう6か所目なのよ」という話を聞かされながら、私はそれらの方と自分の被害を比べて、私なんかまだいい方、これで文句を言っちゃいけない、弱音なんか吐けないと思っていました。必死で仕事をしていたあの頃の思いです。でも、少しずつ余裕が出てきたころから、体調が悪くなってきました。疲れたのかなあと思って、横になってみてもあまり変化はありませんでした。

　あるとき、東日本大震災の影響のまったくなかった友人と話す機会がありました。「どうだったの？」と聞かれ「たいしたことなかったよ、私は」と答えました。具体的にいろいろ聞かれるままに答えていくと、「すごく大変だったんだね」と言われたのです。「えっ、そんなことないよ」と答えたものの、何かがこみあげてきて、泣いてしまいました。友人が黙って背中を撫でてくれて落ち着いたころ、「頑張ってたんだね」と声をかけてくれました。

　それ以降、体調の不調はうそのように無くなりました。無理をしていたことに気づけなかったのです。周囲の大変さに比べて、自分のそれは軽いもの、つらいなどと言ってはいけないと、自分で自分を縛っていたのかもしれません。私だって立派な被害者だったんです。支援者である前に、一人の生活者です。当たり前の生活をどんな形にせよ、奪われていたことに気づかされました。

第 4 章　災害と BCP（事業継続計画）

笠松 信幸

1. はじめに

2021（令和3）年4月の介護報酬改定は、最重要項目の1つに「感染症や災害への対応力強化」をあげています。これは、2020（令和2）年からわが国で猛威をふるっている新型コロナウイルス（COVID19）感染症への対策が介護保険制度を維持するうえでも最優先課題と位置づけられたためです。

併せて、災害が発生した場合にも、必要な介護サービスが継続的に提供できる体制を構築する観点から、すべての介護サービス事業者を対象に、業務継続に向けた計画等（事業継続計画）の策定、研修の実施、訓練の実施等が義務づけられました（3年間の経過措置期間あり）。

日本介護支援専門員協会は、2021（令和3）年の介護報酬の改正に合わせ、介護支援専門員が自らの法人・事業所の事業継続計画策定の参考にできるよう、「災害対応マニュアル」を改訂し「第5版」を発行しました（図4-1）。

図4-1　災害対応マニュアル

2. BCP（事業継続計画）とは何か

BCP（Business Continuity Plan；事業継続計画）とは、企業にとって好ましくない事件や事故、災害など緊急事態が発生した場合に、ダメージを最小限に抑え、事業をできるだけ早く復帰させるための計画です。

欧米では1970年代からBCPが作成され、海外に拠点をもつグローバル企業では、テロや内戦まで想定した計画を立てるそうですが、介護や福祉分野の事業が中心の私たちは、まずは、自然災害や大規模火災、新型コロナウイルス感染症などへの対策を主眼においた計画を策定しましょう。

3. BCPには何を盛り込めばよいのか

介護施設や事業所においてBCP作成のよりどころになるのが、厚生労働省が2020（令和2）年12月に発表した「介護施設・事業所における自然災害発生時の業務継続ガイドライン」と「介護施設・事業所における新型コロナウイルス感染症発生時の業務継続ガイドライン」です。

　いずれも厚生労働省ホームページに掲載されていますので無料でダウンロードできます。また計画書式の「ひな形」（ワードファイル）が一緒に掲載されています。これを土台にすると負担が少なく作成できると思います。

　厚生労働省のガイドラインは、自然災害BCPの全体構造を次のように示しています（図4-2）。私たち介護支援専門員のケアマネジメントの視点で、全体構造を捉え直してみることにしましょう。

① 総論

　「総論」は、計画の基本方針、推進体制、リスクの把握、優先順位の選定、研修・訓練の実施、計画の検証・見直しから構成されます。

　これは、私たちが日常業務で行っているケアマネジメントプロセス（PDCA）の流れと同じです。自分の法人・事業所にどのような災害が降りかかってくるのか、最悪を想定した場合の状況、人的被害・物的損害について、自治体のハザードマップや自然災害被害想定表などで情報収集しアセスメントしましょう。

② 平常時の対応

　「平常時の対応」は、建物設備の安全対策、電気が止まった場合の対策、ガスが止まった場合の対策、水道が止まった場合の対策、通信・システムが止まった場合の対策、衛生面

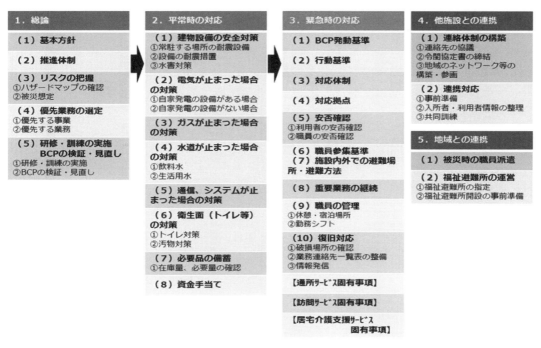

図4-2　災害BCPの構造（介護施設・事業所）

（トイレ等）の対策、必要品の備蓄、資金手当てから構成されます。

　これは、ケアマネジメントの「予後予測と対応策の検討」に相当します。

　災害に遭遇したときにどのような困りごとが起きるか、あらかじめ想定しておき、そのリスクを受け止めるための準備を平常時から整えるには何が必要かを分析します。

③ 緊急時の対応

　「緊急時の対応」は、BCP 発動基準、行動基準、対応体制、対応拠点、安否確認、職員参集基準、施設内外での避難場所・避難方法、重要業務の継続、職員の管理、復旧対応、通所サービス固有事項、訪問サービス固有事項、居宅介護支援サービス固有事項から構成されます。

　まさにいま危機が進行しているとき、職員一人ひとりがどのような行動をとるのか、具体的に記述することが大切です。

　ケアマネジメントの視点を応用して、自分の法人・事業所をアセスメントしましょう。過去に災害を経験した職場であれば、その経験が役に立ちます。あのときどのようなことが起きたか、うまくいかなかったのはなぜか、どうすればもっとよい結果が得られたのか、シミュレーションしながら最善の対応策を検討することができるからです。

4. 居宅介護支援サービス固有事項

① 平常時からの対応

　○災害発生時、優先的に安否確認が必要な利用者について、あらかじめ検討しておき、「災害時訪問リスト」などで情報がわかるようにしておきます。

　○緊急連絡先については、複数の連絡先や連絡手段（固定電話、携帯電話、メール等）を把握しておきます。

　○平常時から地域の避難方法や避難所情報に留意し、関係機関（行政、自治会、職能・事業所団体等）と良好な関係を構築します。そのうえで、災害に伴い発生する安否確認やサービス調整等の業務に適切に対応できるよう、他の居宅介護支援事業所、居宅サービス事業所、地域の関係機関と事前に検討・調整を行うようにします。

　○避難先において、服薬の情報が参照できるよう、利用者に対し、お薬手帳などを持参することを伝えておきます。

② 災害が予想される場合の対応

　○訪問サービスや通所サービスは、「台風などで甚大な被害が予想される場合などにおいては、サービスの休止や縮小を余儀なくされることを想定し、あらかじめその基準を

定めておく」とされています。居宅介護支援においても災害時を想定した基準・対応方法を定めておくとともに、他の居宅介護支援事業所、居宅サービス事業所、地域の関係機関とも情報を共有し、利用者や家族にも説明しておきます。

③ 災害発生時の対応

○事業が継続できる場合には、可能な範囲で、個別訪問等で利用者の状態把握を進め、被災生活によって状態の悪化することが懸念される利用者に対しては、必要な支援が提供されるよう、居宅サービス事業所、地域の関係機関と連絡調整等を行います。

　通所・訪問事業所が、サービス提供を長期間休止する場合は、必要に応じて他の事業所の通所サービスや、訪問サービス等への変更を検討します。

○避難先においてサービス提供が必要な場合も想定されることから、居宅サービス事業所、地域の関係機関と連携しながら、利用者の状況に応じて、必要なサービスが提供されるよう調整を行います。

○自らの事業所が当面、事業を継続できない場合には、他の居宅介護支援事業所、居宅サービス事業所、地域の関係機関と事前に検討・調整して対応します。

　このように、地域や他法人・他施設との連携がことさらに強調される背景には、ひとたび大災害が発生したときには、法人・施設が単独でどのように頑張っても自力だけでは救済できないという現実があるからです。

　例えば、災害時に「利用者の安否確認」を行う場面を考えてみましょう。仮にケアマネジャーが30人の利用者を担当していたとして、大災害では一気に通信量が増えるため、電話回線がパンクして利用者に連絡を取ることができません。さらに地震や暴風雨のもとでは、ケアマネジャーが利用者宅を1軒1軒訪問することもできず、30人の安否どころか、わずか数人と連絡を取るのが精一杯です。残念ながらこれが現状でしょう。

　では、日頃から行政や地域住民（民生委員や自治会・町内会等）と連携が保たれ、他法人のサービス事業所とも良好な関係があったとしたら、どうなるでしょうか。ケアマネジャーが訪問できなくても、地域住民が利用者の様子を確認したり、利用者を避難所に連れて行ってくれたりします。同じように他法人の職員が利用者を支援してくれる場合もあるでしょう。

　このように、法人・事業所が地域住民や他法人と日常的に連携・連絡体制を保つことが、いざというときに力を発揮し、利用者を助け、自分自身を助けてくれます。視点を変えれば、皆さん自身が、他法人の利用者や地域住民を助ける側になるかも知れません。

5. 職員への周知・研修・訓練、計画の検証と見直し

　BCP は最初から最高レベルの計画をつくろうと思わないほうがよいでしょう。これは、介護支援専門員が初回から百点満点のケアプランをつくれないのと似ているかも知れません。まず初めは、大枠の計画を立ててみてはいかがでしょうか。いわば「暫定ケアプラン」のようなものです。ただ、計画を作成しただけで何もしないでいると、その BCP は力を失います。計画が完成したらなるべく早く、法人の全職員に BCP の説明会を開くことが大切です。

　次に「訓練」の実施について、大がかりな防災訓練でなくても、職場やセクション単位で時間をかけずに行う訓練でもよいでしょう。ある居宅介護支援事業所では「大地震が起き、停電になった」という想定で、自分たちには何ができるか話し合ったそうです。「電話が通じない」「信号が消えて交通事故が起きそうだ」「これで安否確認ができるのか」など、いくつも課題が出てきました。

　このように、計画を職場で実践しようとすると、BCP に不十分なところや現実的ではない部分がみつかるでしょう。それでよいのです。それらを補強・見直しすることによって、より実践的な BCP に一歩一歩近づけていくことができるのです。

　一度に完成形を目指すのではなく、何年もかけて改善し、職場に浸透させた BCP こそが、いざというときに威力を発揮するのです。

6. まとめ

　BCP（事業継続計画）の策定は 2023（令和 5）年度末まで経過措置で猶予されているとはいえ、重大事故や災害・感染症は 3 年間のんびりと待ってはくれないことを、10 年前に東日本大震災を経験した福島県の介護支援専門員は、身をもって感じていると思います。

　BCP はこれから先、どのような災害が起きても、自分の職場・利用者を、もとより自分自身と大切な家族・地域を守るために策定するのだといってもよいでしょう。

　同時に、BCP をつくるために集めた情報やさまざまな対応策、住民や行政・他事業所との一つひとつの連携の積み重ねは、それぞれの法人・事業所における営みを経て、その地域全体の減災・防災の強化につながり、より強固な地域包括ケアシステムの土台を形づくるのだろうと思います。

参考文献
・「介護施設・事業所における自然災害発生時の業務継続ガイドライン」厚生労働省老健局，No.5-10，2020 年
・「介護施設・事業所における新型コロナウイルス感染症発生時の業務継続ガイドライン」厚生労働省老健局，2020 年
・「災害対応マニュアル 第 5 版」一般社団法人日本介護支援専門員協会，2021 年

第 5 章　座談会

～ 3.11 から 11 年、八木亜紀子先生とともに当時を振り返る～

◆ 参加者 ◆

八木亜紀子（やぎ・あきこ）
　福島県立医科大学放射線医学県民健康管理センター 特任准教授、
　アアリイ株式会社 代表取締役

愛澤俊行（あいざわ・としゆき）
　相馬方部介護支援専門員協議会 会長、相馬市地域包括支援センター

逸持治典子（いちじ・のりこ）
　全会津介護支援専門員協会 会長、会津長寿園指定居宅介護支援事業所

竹田匡志（たけだ・ただし）
　いわきケアマネ協会 理事、有限会社タロサ ケアプランタロー

田中嘉章（たなか・よしあき）
　福島市介護支援専門員連絡協議会 会長、福島市在宅医療・介護連携支援センター

吉田光子（よしだ・みつこ）：司会
　郡山介護支援専門員連絡協議会事務局、郡山ソーシャルワーカーズオフィス

参加者：右上から時計回りで愛澤さん、竹田さん、八木先生、田中さん、逸持治さん、吉田さん

はじめに

吉田：2011 年 3 月 11 日 14 時 46 分に発生した東日本大震災。私たちが暮らす福島県は地震だけではなく、福島第一原子力発電所の事故、それに続く長い風評被害、そして、浜通り、中通り、会津地方という風土の異なる 3 つの地域があるなど、他県とは一線を画した復興の歩みをたどってきました。

　震災から 11 年が経ち、新たな課題も見えてきましたので、当時より介護支援専門員として活動してきた仲間四人と、震災後に福島県に移住し、支援に深くかかわってくださった八木亜紀子先生とともに、これまでの活動を振り返りつつ、今後の課題や展望について話したいと思います。

　まず、八木先生のこれまでのかかわりについて教えてください。

八木：私が福島県に移り住んだのは 2013 年です。福島県立医科大学（以下、医大）のよろず健康相談に携わることになり、県内を回ることから始めました。そのおかげで、福島の地理には詳しくなりました。

　福島では 2 年間暮らし、東京に戻ってからは週に 1 回、5 年間毎週通っていました。しかし、2019 年に発生した新型コロナウィルス感染症（以下、コロナ）の影響もあって、定期的には行っていません。

　東京に戻ってから思うことは、福島に住んでいた 2 年はよかったのですが、物理的な距離ができてしまうと、残念ながらものすごい勢いで忘れてしまうというか、知らないことが増えていってしまったことです。さらに、福島の状況自体も急速に変わっていき、その変化についていけないと感じることが増えました。

　そのころからさらに 2 年ぐらい経ちつつあるので、コロナになってからの福島の様子はほとんどわからないというのが正直なところです。震災当時の、ビッグパレットふくしま（以下、ビッグパレット）に避難していたような状況でコロナにならなくてよかったなと思います。

震災と感染症

吉田：感染症でいえば、ノロウイルスは出ましたね。ビッグパレットも壊れていたのに、何千人も避難しに来て劣悪な環境でした。

八木：確かにそうでしたね。いま言われるのは、コロナ感染者への差別です。震災の経験がまったくいかされていないことをしみじみ感じます。リスクコミュニケーションも本当に悪かったですし。

吉田：そうですね。喉元過ぎると、ということでしょうか。コロナに関して、みなさんの地域ではどうですか。

愛澤：差別で言えば、10年前と大きな違いはありません。車を傷つけられるとか……。10年前に経験しているので、強さではないですが、知ってる知ってるという感じですかね。

吉田：特に最初に感染した人は、すごくたたかれますよね。

竹田：いわき市だと、初めに感染者を出した人の家が特定されてしまい、引越さざるを得なくなった家族がいました。

吉田：ウィズコロナという考え方が当たり前になって、マスク姿が異様だと感じなくなったこと自体が異様ですよね。

愛澤：それに関して言うと、最初、私はマスクをすることに抵抗がありました。震災のときにマスクをして避難所に行ったのですが、コロナでマスクをしたとき、10年ぶりに避難所の臭いを思い出して、ああ、嫌だって思いましたね。

吉田：私は海沿いじゃなかったので津波そのものは映像でしか知らないのですが、あのときの臭いはすごかったと言いますね。その辺りは、浜通りにおられる愛澤さんと竹田さんは直接体験しておられますね。いろいろな物が全部一緒くたになって、黒い水でしたから……。

愛澤：それこそ感染症の話です。当時はマスクと手袋は必需品でした。それ以来マスクはしていなかったのですが、コロナになって10年ぶりにマスクをすると、当時の臭いを思い出して、嫌な気持ちになります。でも、いまマスクをしないとたたかれますから、しないわけにはいきません。

竹田：私は花粉症がひどいのでマスクをすることには慣れていますが、震災のときは花粉症というよりも、土埃というか、生臭いあの臭いが嫌でしたね。それだけ覚えていますね。

何で道路に魚が落ちているんだろうと思ったら、あっ、打ち上げられてきたやつだ、とか。

愛澤：臭いでいうと、汚れた写真をキレイにしてくれましたが、あの臭いはひどかったですね。映像だとすごくいいことをしているように見えますけど、あの匂いはいまだに私は多分だめだと思います。

吉田：何であのような臭いになるんでしょうか。

竹田：海藻の臭いとかヘドロの臭いが染み込むんですかね。

愛澤：そう。ヘドロというか磯臭いんです。それに薬剤の臭いが混ざって……。あれが一番臭いですよ。あれを手伝えと言われたとき、2度目はできませんでした。

竹田：何かいろいろな臭いですね。家の中の埃とか全部混ざっているからすごい臭いなんですよ、独特の。

震災時の体験

竹田：私は震災の後に子どもが生まれましたが、当時、子どもがいたら避難先からいわき市に戻ってきたかわかりません。

八木：もともといわき市にいらして、どちらに避難されたんですか。

竹田：私はもともと静岡県出身で、結婚してしばらく静岡の実家にいたんですが、嫁の実家で介護が必要になり苦渋の決断でいわき市に来たんです。福島県は大きな地震もないし、東海大地震が想定されている静岡県より安全だと言われて。でも、いわき市に来て3年目に東日本大震災に遭いました。

竹田匡志
大切に思っている人たちとともに、慣れ親しんだ地域・環境で「普通に」暮らし続けていくこと。その重要性を日々胸に刻みながら、支援をさせていただいています。

そのとき思ったことは、静岡県は昔から東海大地震が想定されていたので、避難訓練が行われていたし、津波や洪水への対策で水泳の授業が盛んなので泳げない人はいません。何度も避難訓練をしていたので多少役立つのかなと思ったら、何の役にも立ちませんでしたね。地震が起きたら机の下に入るっていうのも、実際は入ったが最後、埋もれてしまうし、とんでもない話でしたよね。

　震災後に何かの用事で静岡に帰ったとき、元の職場に挨拶に行ったんです。心配させてごめんねって。そのとき、大きい地震があったら机の下に入っちゃだめ、とにかく広くて安全なところに、頭だけ何かかぶせて逃げろ。机の下に入ったら埋もれて出られないよ、と伝えました。

八木：本当ですね。

吉田：私事になるのですが、娘が震災の1か月前に離婚して、5歳、3歳、1歳を連れて帰ってきていたんです。地震が発生したとき、娘はバイトに出ていて、上2人は一時保育所に預けていて、一番下の子はうちにいて、こたつで昼寝をさせていたんです。そのこたつ布団を子どもの上に掛けて、母が震えて待ってました。子どもたちがいた部屋でもタンスが倒れたり、買ったばかりの液晶テレビが壊れたり……。そういう被害はあったんですが、広いところにいたから大丈夫でした。あのときは、あまりにも周りがひどいから、自分のところはそこに比べると軽いと思いましたね。どこかで不幸比べみたいなところがあって。

愛澤：地震の直後だと、情報が入らないから、テレビをつけて、仙台空港で飛行機が流されているのを見て大変だとなりますが、相馬市は何でもないと思っているんですよ。知らないから。避難所に人が来て初めて相馬市もひどいということを知りました。それまで、仙台空港で飛行機が流されても、相馬市は大丈夫だと思っていましたね。

八木：そういうものですか。

愛澤：つながらないものですよ。

吉田：でも、国道6号線は津波で通行止めになっていましたよね。

愛澤：そうですね。6号線より向こうは大変なことになっていましたが、直後には情報が入ってこなかったですね。

吉田：やっぱり直後は目の届くところしかわからないもんね。

愛澤：そうです。だから地震直後に、山のほうの独り暮らしの方の訪問に行ってました。

雪が降ってましたね。

吉田：本当に寒かったですよね。

竹田：私が津波の警報が鳴ったときに覚えていることは、揺れが一瞬収まった段階で必死に外に出て、ラジオがないから車のラジオをつけたときに「津波到達、3メートル」と聞こえ、30センチの間違いじゃないの？　と思ったことです。

その日はどうにかこうにか情報がないなかで処理して、全国的に大津波が来ていることがわかったのが次の日の朝でした。テレビも見る環境になく、嫁のじいちゃんとばあちゃんをどうやって避難させるかで精いっぱいでした。

翌日、海沿いに住んでいた利用者さんのところを訪問して驚きました。道路のど真ん中に家が流れていて、本人はどうなったんだろうと思ってご家族に電話したら、「大丈夫だよ。ちょうど病院に行っていて、帰る途中で地震があったから津波から逃れたんだよ」と教えてくれました。本人の第一声が「病院には通うもんだな」って（笑）。

八木：いいな。いいなあ。

竹田：そうだねって。

八木：何が幸いするかわかりませんね。

吉田：本当ですね。

愛澤：でも、寝たきりのおばあちゃんを連れて逃げられなくて「おばあちゃん、ごめんね」って拝んで出てきた人もいます。

八木：そうね。

吉田：それこそ、「おかえりモネ」でやってましたね。

竹田：「おかえりモネ」であの映像を直に流さなかったのは、やっぱり追体験しちゃう人が多いからでしょうね。時々お涙頂戴的なニュースをやりますけど、あれを観るとやっぱり思い出しちゃいますね、いろいろなことを。直に津波は見ていなくても。

愛澤：あれと子どもの映像が重なったとき、私はいまだにだめですね。

吉田：私も子どもたちがテレビで津波の映像が流れると怖がっちゃってだめだったから、ビデオでアニメだけ観せていました。大人はラジオの情報だけ。津波の映像ってずいぶん後になるまで観ませんでしたね。

愛澤：そうですね。私は避難所にいたから特にテレビは観なかったですね。

吉田：だから耳で聞く津波の情報と、目で見る映像の迫力は全然違いました。ずっとニュー

スをかけっ放しで聞いていたはずなんですが、ここまでかってビックリしました。

愛澤：何日間かテレビ番組やっていませんでしたね。ＡＣジャパンの「ポポポポーン」というＣＭ（あいさつの魔法。）ばっかりでしたよね。

吉田：ずっと特番だったから、小学校にも行ってない子どもたちに、あの映像は観せられませんでした。怖いでしょ。大人は片づけで手がいっぱいで。物は全部落っこちているし、ガスと水道は止まってしまって、もうどうやって食べさせましょうという状況でしたね。

愛澤：車のガソリン泥棒がはやりましたよね。

竹田：そうですね。

吉田：震災以来、私は半分になったら給油しないでいられない。

愛澤：うちの職場でもルールにしました。半分になったら入れようって。

竹田：いわき市は今でもちょっと地震があると、ガソリンスタンドが渋滞します。

吉田：そうですね。もう燃費が悪いなんて言っていられない。ガソリンがなくてどこまで行けるだろうって悩んだことは忘れられません。だから車の買換えは燃費のいいハイブリッドにしました。多分あの経験がいろいろなところに残っているんですよね。

愛澤：いいものとしてではないですが、教訓として残っていますね。

吉田：でも、それだって、体験していない人は、だんだんと消えていくんでしょうね……。

愛澤俊行
いつまでも大好きな地域と自分の家で生活できるよう地域づくりを行えるよう全力で取り組んでいます。

震災時の連絡や情報網のあり方

逸持治：地震の際の連絡に関して言うと、地震が起きたときに最初に連絡をくれたのは神戸の友人でした。阪神・淡路大震災のときに電話が使えなくなるということを経験をしているから、即座に電話をしたと言って。そこは経験が生きているんだなと思いました。でも、この前首都圏で地震があったときに、千葉に住む父親に電話をしたら、やっぱり携帯の通話制限がかかってしまいつながりませんでした。こういう点は変わらないんだなと思いました。

　もう一つ気になったのは、私が避難所に行ったときに目にしたのが、情報弱者がすごく多かったということです。情報が入らないがために不利益なことが起きているという人たちがたくさんいました。そういうところを私たちは支援しなきゃいけないと思うのですが、どこまで何ができるかわからなくて、すごくもどかしい思いをしましたね。

愛澤：あと、あのとき電話がつながらなくて、メールは送信できたけど、読んでもらえているかはわかりませんでした。でも、いまは LINE だと見たかどうかがわかりますよね。すごい進歩です。

吉田：「既読」ですね。私のところには、地震から3日後くらいに全国からすごい数のメールが届きました。最初はつながらなかったから。

愛澤：私は避難所にいたときに充電器がなくて困りました。ドコモとソフトバンクは同じ充電器でいいんですけど、ａｕだけが違って。ａｕの充電器を持っている人が取り合いをした覚えがありますね。

支援者も被災者

竹田：先日、震災から10年を振り返る特番がテレビで放送されたので、子どもに伝えるために観せました。私も妻も、震災の追体験をしたくないので観たくないし、話もしたくないけれど、子どもに伝える使命感はあります。でも、どうしたらいいのかなって戸惑いがあります。おじいちゃんやおばあちゃんが戦争を語りたくないのってこういうことなんだろうな。どこかで話さないと、伝えないと、とは思っているんですけどね。

愛澤：地域には言うけど、私は子どもたちには伝えませんし、あのときどう思ったかも聞

きません。

吉田：まだまだ傷が癒えてないから、ふれないんですね、お互いに。

八木：やっぱり支援者も被災者ということですね。

吉田：支援者として、竹田さんもすごくつらい思いをしましたよね。

竹田：ご家族に責められました。

吉田：優先順位があるなかで動いて、なんで早く来なかったと怒鳴られて……。だけど、竹田さん自身も被災者なんです。支援を仕事にしているからといって、命がなかったら仕事なんて続けられないわけですから、何を置いても来るべきだなんて言うのは嘘です。やはり、私はこの点は責められないことだと思います。

八木：そうですよね。言った方からすると、気持ちをぶつけるところがなくて、竹田さんに言ったのかなと思います。

吉田：そうしたことも言えるぐらいの信頼関係があるからぶつけられたんだろうけれど、言われるほうとしたらつらいですよね。

竹田：いわき市のケアマネジャーや当法人の理事たちも、同じようなことを言われたと言っていました。

愛澤：私の包括に言ってきたケアマネジャーはいますよ。「何やってるんだ。避難所なんかやってないで、ケアマネジャーを守ってくれよ！」って。ただ、法人の母体が母体なので微妙なところでしたね。

吉田：母体が母体という点でいうと、福島県ではありませんが、訪問に行くことを止められたという経験を持つケアマネジャーがいます。訪問よりも母体の応援をしろと言って。

八木：なるほどね。

吉田：金にならないことよりも、まずは本体を守るほうが先だと言われて、訪問車の鍵を隠されたと言ってました。

八木：ええっ⁉　そうなんですね。

愛澤：私たちも迷いながら仕事をしました。自分が担当する利用者か市民の避難所かの板挟みになりました。だけど、困っている人が目の前にいたので、目の前のことを一生懸命やりました。

八木：2015年頃の話ですが、医大の私の上司が自治体職員の方を対象にうつ症状の調査を行い、約15%という結果を得ました。これはきわめて高い数字なんです。もちろん、支援

者の方たちが困っているということもあってネットワークもできて、皆さんも後方支援に入られたわけですけど、ストレスを抱える原因の一つには被災者でいることを許してくれない世間の雰囲気と、支援者の方自身が災害時に限らず自分たちのケアを後回しにしがちということがあると思います。災害時には、余計にそれが顕著になる気がします。

吉田：本当にそうですね。田中さんはこのことについてどう思いますか。

田中：何かやらなくちゃという焦燥感みたいなのはありましたね。自宅待機でもいいよと職場からは言われましたが、何かやらなくちゃ、でも何をしていいんだろうみたいな、落ち着かない思いがありました。ずっとうちにいても、何か疲れるというか……。

　職員も子どもを県外に避難させたい人はどうぞという雰囲気があり、うちはどうするか家族で話し合いました。実家が山形だったので、とりあえず子どもたちだけ避難させましたが、また戻ってきたり……。

　福島市の場合は、建物の倒壊はありましたが、そんなに大きな被害はなく、ガソリンの不足が一番困りました。当時の院長先生が警察と話し合って優先的にガソリンをもらえるようにしてくれて、職員にも配ってもらえたので、すごく助かりました。しかし、ガソリンが出たのは、最初は医療者だけでした。ケアマネジャーもヘルパーももらえなかったですね。

八木：そうなんですね。

愛澤：大手の業者は休業しているところが多かったです。

田中：安全配慮ですよね。

田中嘉章
最期まで本人の思いを尊重できる地域づくりをモットーに、在宅医療・看取り支援に注力しています。

愛澤：地元の小さなヘルパーステーションが頑張っていて、助けてもらいました。

田中：確かに。自転車で訪問してくれていましたもんね。すごく頑張ってくれましたね。

愛澤：あのときに監査をされたらＮＧでしたね。ヘルパーがおにぎりを作って持っていってましたから。私も涙ながらにありがとうって言いました。でも、記録に載っていたらアウトですよ。

吉田：非常事態だから大丈夫ですよ。アウトなんて言うやつがアウト。

復興への兆し

吉田：いつ頃から何となく普通に戻った感じですか。

竹田：いわき市はゴールデンウイーク明けぐらいから動き始めてきた実感が持てました。いわき市は3.11のちょうど1か月後、4.11と言ってますが、断層が動いて直下型の地震がありました。それもすごい豪雨の日で、雷もバッシャバシャに鳴っているときに震度6の地震が起こり、市内の電気が消えて、水も止まってしまい、みんな絶望したんです。またかって……。そこからの再起だったので、やっぱり連休明けぐらいからですね。

愛澤：相馬市は4月半ば過ぎ。4月下旬に学校で入学式をやるよ、学校が始まるよってなってから、何かしら明るい光が見えてきたような気がします。私も子どもたちを千葉に避難させていて転校もしたんですが、学校が再開するというので、1、2週間で戻ってきたんです。謎の転校生ですよね。

　本格的に動き始めたのは避難所が解散した99日後。仮設住宅ができて、鍵の引渡しが一番早くて5月の連休前だったんですよ。

吉田：99日後っていうと暑くなっていましたね。その頃、私はビッグパレットの隣の仮設住宅に一軒一軒アンケート配りをやっていました。会津の方はどうでした？

逸持治：多分というかほぼほぼ影響がなかったのが会津かなと思っていて、ただ……。

吉田：震災と原発の影響はないけど、それに伴う被害が大きかったですね、県内打撃で。

逸持治：そうですね。ガソリンはやっぱり手に入らなくて。会津は雪があるから、ヘルパーさんは自転車で回れないんです。私が成年後見人をしていた方に、在宅で独り暮らしをしている視力障がいの認知症の方がいらして、その方の訪問は続けてもらえたのですが、そこのヘルパーさんに言われたことが、やっぱり訪問を制限せざるを得ない、ガソリンがな

くて行くに行けないから優先順位をつけさせてもらうということでした。生活援助のお掃除だけといった人については、申し訳ないけど遠慮させてもらったという話を聞きました。

　それから、会津は震災の被害は少なかったのですが、避難してきた方がたくさんいて、同じ福島県内でも浜通りから山を二つ越えて会津に来ると気候が全然違うので、文句を言われていたような記憶があります。

吉田：暖かいところから急にマイナス何度という寒いところに変わりましたからね。だから、最初はいわき市に人が流れて、貸家から何からすべて入居しましたね。

竹田：売れ残っていた土地が一気に売り切れちゃっていましたね。

愛澤：相馬市といわき市も被害に遭っているのに、避難してくる人もいて大パニックでした。

逸持治：会津は町の風景が一変しました。私の自宅の近くに、広域の避難所になった大きな公園があるんですが、そこに仮設住宅が建ったんです。でも、この地域で何かあったときに、私たちはどこに避難するんだろうということが住民から出ましたね。そこには多分、感情的なところも含まれるとは思うのですが……。

　会津でも先ほどのいわき市の話と同じように、震災後に会津で土地を求めて家を建てた人が多くいますが、市役所の税務課に勤めている私の友人が家屋調査に行くと、どうせうちは税金かからないからって、すごく感情的に言われて、ふざけるなって思ったという話を聞き、複雑な気持ちになりました。

　それから賠償金も大きな問題になりました。私の友人の話ですが、義理のご両親とお兄

逸持治典子
「その人が望む暮らし」を支えていくことを心がけ、支援をさせていただいています。

さんが浪江町に住んでいたのですが、ご両親は津波で亡くなり、お兄さん一家は助かったんです。友人は郡山市に住んでいたのですが賠償金でもめて、結論からいうと一家離散したそうです。お金に目がくらんだ人たちがいっぱいいて、「おまえも俺の金を狙ってるな」となってしまって家族関係がめちゃくちゃに崩れてしまった事例をたくさん見てきました。

仮設住宅について

逸持治：会津若松の駅の裏に大きな仮設住宅がありましたが、最近全部なくなったんですね。ここは今度何になるんだろうっていうちの親と話していて。これは余談になりますが、地域によって家の建て方って全然違うんですよね。会津で仮設住宅を建てたのが浜通りのほうの業者さんだったらしくて、そこで言われたのが、会津でこんな家の建て方をしたら雪で家がやられるって。屋根のひさしを長くしないと、雪がまともに来ちゃうから、ガラスが割れたりするけど、そんなことも知らない奴らが建てるからこうなんだって。何で会津のことを会津の人間ができないんだっていうことは言ってましたね。

吉田：仮設住宅と言えば、本当にどこが建てたかで全然違いましたね。

愛澤：後になれば後になるほどいいものが出来上がってきましたね。

吉田：本当にそう。途中で直したりして全然違いましたね。それから、仮設住宅にセットで入れるものがひどかったですね。

愛澤：日赤の冷蔵庫や電子レンジが家セットとして配られましたが、一戸に1セット配られたことで、3世代が多かった浜通りの方々が世帯分離しました。もちろんスペースの問題からそうならざるを得ないけれど、あれを配ったから、みんな分かれたんじゃないのかと思います。

吉田：トイレなんか、どうやって使うのかわからないようなトイレとお風呂でしたし、そこに人数に合わない大きな炊飯ジャーが配られたり。業者さんは余っているのを出してくれたようですね。

愛澤：住宅改修を介護保険でやるのに県の許可が必要でした。現状復帰やレンタルの返還の確認が必要で、仮設住宅がなくなるときに時間がかかりましたよ。

竹田：手すりはついていたけど何でこんなところについてるの？　というようなものがあ

りましたね。

愛澤：反対に手すりがついていたり。

吉田：本当にわからない人がつけちゃったねっていうものがありましたね。取り付けないで置いておいてくれたほうがよかったくらいでしたね。

あのときの景色

吉田：いろいろありましたね。私が震災後に思い出す景色は人っ子一人いない公園です。そこに空間線量の放射能の掲示だけがあって。何年ぐらい続きましたかね。うちの3番目の孫は自転車に乗る時期に外に出られなかったから、乗れなかったんですよ。

愛澤：うちの次女は泳げません。あのときちょうど6歳で、それから何年間も外で体育してないですから。海水浴も表での運動はだめでしたから。自転車も同じですよ。学校が始まって4年生くらいまで乗れなかったです。乗る必要もなかったし。運動に関しては、子どもにはかわいそうなことをしました。

竹田：私はあのときの景色というと、思い出すのはいわき駅前ですね。駅前は繁華街なので、いつも車が行きかっていたのに1台も走ってなくて。何にもないところで記念に写真を撮りました。あと、いわき市は寒いけれど雪が降らないので、カラスや野鳥、たとえばハクチョウなどのさまざまな鳥が来るんですが、鳥の鳴き声が消えました。本当に無音で……。どのぐらいだろう、1か月ぐらい経って鳥の声がして、ああ、やっと戻ってきたなと思ったことを覚えていますね。車の音がしないのも違和感がありますが、鳥の声がしないというのはすごく不思議な感覚でしたね。鳥も怖かったんだろうなと思います。

吉田：避難したんですかね。

竹田：静岡にいたときに、昔からの伝承で、大きな地震があると鳥がショックで巣から落ちたり、鳴かなくなると聞いたことがあります。それまではただの昔話、作り事じゃないのって思っていましたが、本当に鳥は鳴かないんだと思いました。

吉田：本当だったんですね。

八木：地面がさらわれて餌がなくなるから移動したりするんじゃないですかね、きっと。

吉田：そうですね。確かに地面をつついて餌を食べている鳥たちは、あれだけひっくり返っちゃったらどうしようもないですからね。

八木：飛べるから移動できますもんね。

竹田：外が無音で、家にいれば「ポポポポーン」がひたすら流れていましたね。

八木：携帯の警報とブーブー鳴るのはすごかったですね。

竹田：あの音を聞くと、心臓がきゅっとしますよね。

吉田：ドキーンとします。でも、震度4ぐらいまでは全然避難行動をとりません。

愛澤：そうなんです。こんなもんかと思うんですよね。5まではいけるんじゃないかって。

吉田：大丈夫だなって。

愛澤：あ、短いなみたいな。

吉田：そう。長いほうが嫌だから。

竹田：うちの嫁も心配の電話をかけてきません。

愛澤：収まると思ったとか言われて。

吉田：本当に長いのだけはどんどん大きくなるかなというか、あの体験を引っ張るのかね（注：東日本大震災の際には、最初弱い揺れからだんだんと大きくなっていき、かなりの時間揺れていたという体験のこと）。

愛澤：ここからもう一揺れ来るのか？　ないなってやつですね。

竹田：地鳴りが長いとちょっと怖いですよね。

吉田：でも、ドーンというので震度4ぐらいまでは、まあ大丈夫でしょうって。そういうのに慣れる必要はないんですけどね。

愛澤：体が覚えているってやつですよ。

吉田：あの頃、一時期、島野さん（注：元・福島県社会福祉士会会長、当時は介護支援専門員協会と同一事務所だったため、よく一緒になった）と震度当てじゃなくて震源地当てをやっていました。

逸持治：震度当てってやりますよね。いくつぐらいかなって。これだと1ぐらいかとか。

吉田：そう。慣れて体感的にわかりますからね。自慢じゃないんだけど。でも、その分、予防もしていますよね。突っかい棒まではしないかもしれないけど、倒れにくくするとか、少なくとも寝る場所はちゃんと安全確保していますよね。

愛澤：食器棚に鍵は必ずつけます。この間替えたんですけど、それでも鍵は買いました。

吉田：やっぱりそういうところはありますよね。

福島県人の気質

八木：先日の東京の地震で、コップが1つ割れました。だいぶ前に福島の酒屋さんが出したカップ酒のコップで、ご当地キャラが描かれたものだったんです。買い直そうと思って探したんですが売ってなくて、その酒屋さんに電話で問い合わせました。その時に電話に出た方が、どこかの酒屋さんと共同企画で作ったコラボ商品だけど、その酒屋さんにもないと思いますとおっしゃって、自分でそちらに問い合わせますと言っても、ないと思いますと言われるばかりで。でも私はそのコップが欲しいんですと伝えると、わかりましたと言って電話が切れたんです。それっきりかと思っていたら、その後、電話がかかってきて、そのコップをペン立てとして使っている職員がおりますのでそれを送りますと言ってくれて、結局いただけたんです。私もそれだけもらうのは申し訳ないからお酒も買いましたけど。

　この話を山形県出身の夫にしたら、東北の人は本当にアピール下手だよねって言って。つまり、電話で対応してくれた人は、職員全員に聞いてくださったわけですよ。そんなそぶりは電話では全く感じられませんでした。

　そこまでやってくださって、ということは、私が福島にいる間ずっとありました。本当に福島の人は声を上げないし、遠慮深いということをすごく感じました。そういうことも今となっては笑い話で語れるんですけれど、東日本大震災のような非常事態のときに、こういうことが理由でアクセスが断ち切られたりとか、ここは大丈夫と思われて後回しにさ

八木亜紀子
福島がこころの故郷になりました。

れてしまうことがきっと起きるので、もう少しうまく声を上げられるといいのにと思います
ね。

吉田：アピールしないんですよね、東北の人たちは。八木先生はどっちかというと関西の
方なので余計に感じるんじゃないでしょうか。

八木：福島県の方だけじゃないと思うんですけどね。でも本当にそう感じました。あと、
まったくそういう気配を出さないのでわからないんですよね。私がいた部署というのが医
大の中で県民健康調査をやっていて、そこは地元の人ももちろんいるんですけど、各県か
らの応援がどんどん入っているようなチームだったんです。そうするとみんな事情がわか
らないので手が出せないというか、言ってもらわないと何をしたらいいかわからない、で
もそれで相手の手を止めるのも申し訳ない、ということをすごく感じる部署でした。

吉田：受援力という言葉があります。災害が起こったときに支援を受ける力のことです。
多分、このあたりがすごく弱いんだと思います。困っているのでサポートしてくださいと
いった発信が下手なんだと思います。そういうことを言っていいということがわからない
というか。困っている姿を見せないことが美徳なんでしょうか。

八木：そういう面はあるんじゃないですか。

吉田：雪をはじめとした、どうにもならない自然と付き合ってきた歴史がありますから、
どうしようもないものに声をあげても仕方がないという考え方がしみついているような気
がします。

八木：そうでしょうね。あとはこれも別の話になりますが、福島県の農産物はそれぞれ、
軒並み2位なので、地元の人に、たとえば山形のサクランボとか青森のリンゴみたいに、
なぜマーケティングとかブランディングをしないんですか、といったことを聞いたんです。
そうしたら、福島県は豊かだからそんなことしなくていいんですって清々しく言われたの
で、ああ、これはやっぱり助けるのは難しいかもなと思いました。そういう気概があるの
はまったく否定しませんが、結果として損をしてしまうというか、要らないと言われたら、
ほかに回ってしまうので、本当にもったいないと思います。

田中：出過ぎないようにとか、目立たないようにということが何となく最初に始まるんで
す。あとは困っていても、みんな困っているんだから、あなたばっかりそんなふうに言わ
ないのみたいな。そんなふうに育てられた部分というのは、根強く残っていると思います。

八木：ありますよね。だから本当に外部の人間からすると、もどかしく感じます。せめて

「ここ助けて」「ここが困ってます」と言ってもらえないと。大丈夫ですかと尋ねたときに、大丈夫ですと言われてしまうと、そこまでになってしまうので。

吉田：今の話を聞いていて思い出したのは、ビッグパレットに避難しているときに、外部のさまざまな人が大勢来て、その都度、同じことを聞いてくるんです。何度も同じことを答えてもう嫌になったと言っていましたね。

八木：それはありますね。

震災の経験をどういかすか

吉田：当時のビッグパレットは本当に混乱していて、基本的には富岡町と川内村の人が避難していたんですが、行政機関の人やそれ以外の人もいっぱい来ていて、入り組んでいました。

　今でこそ有名になった当時、県職員をしていた天野和彦さん（現・福島大学特任教授）が何月からかな、ビックパレットに常駐するようになったんです。その前は、社協の人たちが一生懸命、横のつながりのなかで頑張ってはいたんですが、それぞれが別々に動いてしまっていて。

　ビッグパレットのなかで、どこに誰がいるかという地図を作るお手伝いをしたことがあります。最初に動ける人がいい場所を取っちゃったから、後からやっと避難してきた体が

吉田光子
ずっと現場のケアマネジャーの支援をしていきたいと思い、スーパーバイザーや研修の講師等を続けています。

不自由な人やお年寄りは、普段なら人が入らないような機械室みたいなところにいました。トイレの近くでちゃんと明かりもあって立派なところは、しっかりしている人しかいないんです。自分はここに先に来てずっとここにいると主張して動かない。あんなのを見ているのもつらかったですね。仮設住宅ができてからも、実際には別の場所で生活していて、そのことを伏せて入居を継続している人もいました。あとはあれだけ多くの人がいましたから、おそらく避難者じゃない人が並んで救援物資をもらっていたと思いますが、そこまで区別のしようがありませんでした。

八木：そうですよね。

吉田：救援物資もいろいろなものが届きましたが、避難所では大きなものしか扱えなくて、小さな善意ははねられてしまっていました。でも、個人宅ではきっと欲しがった人がいたと思うんです。そういう意味では、きちんとそういったものを区別してお渡しするようなシステムがなかったことは残念だと思いました。困っている人に届けるためには、どうつないだらいいのかということは強く思いましたね。

愛澤：避難所だけ優遇されているみたいなことはよく言われました。避難所の数分がないと、ここでは物資を受け取れないといって返したこともあります。

吉田：東日本大震災を体験した経験をいかして、そういう物を別な形で引き受けて、個別のところに行けるようなシステムを作りたいですね。

愛澤：はい。伝えていかないといけないかもしれません。避難所には物はたくさんあるけど、自宅で頑張っている人はどうするのということは、教えていかないといけないかもしれませんね。

吉田：そういう意味では、いまはあの頃よりももっといろいろな情報が発達しているから、持ってくる前に、出せる物と欲しい物をつなぐのは、いまのほうがやりやすいと思います。

八木：でも、マスクだってコロナであれだけ大騒ぎになったじゃないですか。やっぱりどこまでそういうのが本当に機能するかということは、みんなそうなってみないと使わないしね。本当にコロナのばたばたを見ていると、震災の経験というのは、少なくとも行政側にはあまりいかされてないなと感じます。住民の知恵は増えていると思いますが、残念ながら、それを回す人たちのほうにいかされてないと思いますね。

吉田：だから、行政単位でうまいところと、どうしようもないところがはっきりしましたよね。

八木：そうですね。ものすごい差ですよね。都内23区でも全然違いますから、どこで年老いていこうかと本当に考えてしまいます。それこそ首長が替わったら変わるのかなとか、いろいろ思うところはありますけれど。

竹田：今回、本書の原稿を地域の介護支援専門員の方に依頼したのですが、多くの方に断られました。その理由が一様に思い出したくないということでした。大切なことなんだけど、思い出したくないから書きたくないんだというのは、やっぱり印象的でしたね。

吉田：そうですか。

竹田：結局、私が書くことになって、私も追体験しながら書きました。

吉田：つらかったんですよね。本当に思い出したくない、最初にみんなで話したときに出ましたが、本当に時間が経って語れるようになるのかどうかもわからないけど……。

逸持治：いろんな意味でジレンマを感じたかなというのはすごくあって、私なんかは特に本当に一番被害が少ない会津エリアで生活をしているということもあって、それこそ仲間がもがいているところを見てきました。でも、じゃあ自分に何ができるかと考えたときに、下手に手も出せないし口ももちろん出せない。でも何かしたい。そう思ったとき、すごくジレンマを感じました。

　それから、某団体が宮城県や岩手県の支援に入ることになったとき、行ってくれないかと声がかかったのですが、いや、私も一応福島県民なんですけどって思わず言ってしまったことがありました。そのとき事務局の方に言われたのは、福島県にも支援に入ろうとしたけれど断られてしまったと。確かにこっちも大変だという状況でしたが、はたから見ると何で手助けしようって言っているのに断るんだと思われる視点もあるんだなって、八木先生の話を聞いていて思いました。

吉田：福島県は、宮城県のように宿泊の場所を用意する余裕がありませんでした。そんなこと言うなら来ないでくださいとなってしまいましたね。

逸持治：はい。それでも奥様が会津の方だとか、福島県にゆかりのある人が来てくれました。

アピール力と発信力が大切

吉田：ケアマネ協会の方も南相馬市に来てくれましたね。なぜか厚生労働省も南相馬市に集中していたような気がします。私らからすると南相馬市だけじゃないのにって思いましたが、それもきっとアピールがうまかったのかもしれませんね。

八木：そうなんだと思いますよ。東京から見ていると、南相馬市は本当によく出ていましたね。

愛澤：2011年の「世界で最も影響力のある100人」に、当時の市長だった桜井勝延さんが選ばれましたもんね。

八木：そうでしたね。

吉田：だから、やっぱりアピールというか、情報の出し方がうまいんでしょうね。

竹田：あとはどうアピールするか。先週、いわき市の会場で行われた主任ケアマネの更新研修のなかで、グループディスカッションの際に一昨年の水害やＢＣＰ（事業継続計画）のことも含めて、あのときに何してほしかったか、どうすればよかったかをテーマに、震災のことも踏まえて話しました。そのときに出た意見として、やっぱり何をしてほしいのか、こうなったらどうしたらいいのかということを日頃から考えて発信する力と、その発信先を用意しないといけない。そうしないと、結局もがいて、周りから見て大変そうだけど、どうしたらいいの？　で終わっちゃうんだよねという話になりました。

吉田：本当にそうですね。

八木：まだつらくて気持ちを語ることはできないけれど、物理的なことを語ることができるのなら、経験者としての語りというのを一目で見てわかるような形にしてはいかがでしょうか。例えば備えておくべき物のリストとか。

吉田：なるほど。

八木：被災すると電気が使えなくなるからネットより紙がいいとか、そういったちょっとした工夫を全国の方と共有できるといいですね。

吉田：そうですね。例えば平常時にこれだけやっておくと、どうつながるかみたいなものは作りたいですね。私も日本介護支援専門員協会の災害対策委員をやったときに、平常時の対策が大切だという結論にいたりました。平常時に何をやっておけば、あるいはやれているかが非常時に全部つながるということです。平常時に何をやるかは、個々の環境や機

関によっても違います。だからやはりＢＣＰが大切だと思います。

　それから、自分のところがどういう被害や災害の可能性が高いか、ハザードマップで把握していると、優先順位がつけられますよね。そのあたりの情報をまとめたものを作れるといいかなと思います。

八木：四つ折りにして１枚の紙にまとめられるのがよいですが、それが難しければミシン目を入れられるようにしておいて、切ってホチキスで留められるみたいなことでも十分だと思うんです。何か手に残るものがあるといいのかなって思いました。

　あとは竹田さんがおっしゃっていた避難訓練は無駄という話も印象的でした。無駄ではなく、避難訓練を超えてくるぞ。想定を超えてくることが起こりえるのだと。だって、堤防を津波が越えてくるなんて誰も思わないですよね。コロナだって、こんなことになるなんて誰も思ってなかったですし。だから想定を超えるんだということをメッセージとして出していきたいですね。

吉田：本当にそうですね。八木先生、本日はお忙しいなか、ありがとうございました。

八木：とんでもないです。こちらこそ、ありがとうございました。

2021 年 11 月 16 日収録、於・WEB ミーティング

付録　震災時のあるある

福島市版（生活編）

震災直後
・断水で、井戸がある家に水をもらいに行った。
・食品を爆買いする人が多くみられた。
・ガソリン給油に1日がかりだった。
・情報（空いているガソリンスタンドや営業しているお店など）がなくて困った。
・情報がなく、知らない人にも声を掛けて収集した。
・つっぱり棒が売り切れた。
・物資の流通が止まり、スーパーに物がなくなった。開店時間も午前中の数時間になっていたため、勤務後では買い物はできなかった。
・牛乳が全く手に入らず、脱脂粉乳で我慢した。
・計画停電や節電でお店の照明の数が減った。
・事業所からの帰宅時、停電や節電で街灯や店頭から灯りが消え、また、地震で道路、歩道に亀裂や段差が生じており、とても怖かった。

震災の後の変化（心と体）
・ニュース速報を知らせる音に敏感になった。
・地震速報を知らせる音に敏感になった。
・環境問題に我がこととして取り組むようになった。
・就寝時に真っ暗にしなくなった。
・地震が起こると、震度が予測できるようになった。
・めまいと地震の感覚が曖昧になった。
・自衛隊が身近になった。
・小さい地震でもドキドキしてしまう。

震災の後の変化（暮らし）
・ガソリンがなくなることの恐怖感から半分になったら給油するようになった。
・車のガソリン残量が半分を切ったらすぐに給油するようになった。
・ガソリンを空にしなくなった→それまでは車両が重いと燃費が悪くなるので満タン禁止だった。
・ガソリンが半分になると不安になり、早く満タンにしておきたい。乾電池は常に買い置きするようになった。
・大きい地震が起きるとすぐにガソリンスタンドに行き、給油するようになった。
・非常食や水を常備するようになった。
・いろいろな場所に懐中電灯を置くようになった。

・防災意識が高まり、避難袋の準備が整えている家庭が増えた。

・いつ地震が起きてもよいように災害用備蓄品をリュックに準備するようになった。

・いつ地震が起きてもよいように枕元に常に懐中電灯とラジオを置いておくようになった。

・東日本大震災の際、準備した備蓄品の食べ物や飲み物の賞味期限が切れていた。

・隣近所が誰かわかった。

・食器棚の上段に置いていた割れ物は、下の段に置くようになった。

・震度にかかわらず、地震があるとすぐに風呂とポリタンク等にできるだけ水をためておこうとするようになった。

・携帯電話をもつ高齢者が増えた。

・事業所に自転車を置くようになった。

震災の後の変化（その他）

・大きい余震があると 3.11 の体験談に花が咲く。

・被災者は高速道路の使用料が無料になったので、車で県外へ出かけた。しばらく罹災証明が車のダッシュボードに入っていた。

・有名人がたくさん福島へ来るようになった。

・パトカーをみるとウルトラマンを探すようになった。

・あの日以降、私は車のガソリンメーターが半分になったら必ず満タンにしています。私の周囲にも同じことを言う方がたくさんいます。またガソリンが手に入らなくなるのではという不安が消えないのです。

震災後の変化（ケアマネジャーとして）

・地震で倒れないかどうか、利用者の家のたんすなどの位置を確認するようになった。

・大きい地震があると一人暮らし、高齢者二人だけで暮らしている世帯の順で安否確認することが習慣となった。

・お年寄りから震災になぞらえて、戦争の話を多く聞いた。

・被災、避難した利用者の委託先の役所とのやりとりが増えた。それまでやりとりなかった地域との交流は新鮮。

・3 月 11 日に訪問すると、どのような状況で被災したか震災自慢が始まる。

福島市版（原発事故編）

原発事故による変化・影響（こころとからだと暮らし）
・すぐに福島から逃れたいと思ったが、できなかった。
・放射能が気になり、マスク、帽子を着けていないと外出できなかった。
・屋外に洗濯を干さなくなった。その後も屋内に干す習慣、生活スタイルになった。
・甲状腺疾患と聞くと原発事故のせいではと疑ってしまう。
・子どもの未来を考えると涙が出た。
・水や食べ物が気になり、放射能汚染を疑った。
・県外住む友人・知人にお中元やお歳暮の果物などを送る際、福島県産であることを気にしないかどうか確認してから贈るようになった。
・福島県産の農作物を他県に住む人に送るのは未だに気が引ける。
・果樹農家が直接、果物を郵送するときは、果物に含まれる放射線量をまとめたA4の紙を同封し、お客様に少しでも安心してもらえるような配慮を続けている。
・しばらくは、放射線の影響について相手の考え方や価値観がわからないと話ができない状況だった。
・放射能汚染の心配から利用者の自宅でつくっていた野菜のおすそ分けができなくなり、本人ががっかりしている。
・山菜などの地物を控えるようになり、出された1品料理に手を出せないことがある。
・原発再開のニュースをみると失望と怒りを覚える。原発について過剰反応になった。
・水道水以外の水を飲料水にする人が増え、ペットボトルなどがゴミステーションに増えた。
・外気に触れないよう自家用車での移動が増えた（当時）。

原発事故による変化・影響（地域の様子）
・避難によって若いホームヘルパーが少なくなった。
・子どもの遊び場がなくなった。外で子どもをみかけなくなった（除染が終わるまで）。
・震災後に孫が福島から避難して、いまだに帰って来ない。
・「屋内遊び場」が増えた。
・「シーベルト」「甲状腺検査」「ガラスバッジ」「空間線量」など、全く意味のわからなかった言葉が日常的に聞く言葉となった。
・子どもが、「シートベルト」を「シーベルト」と呼んだ。
・「甲状腺検査」が始まった。
・当時、野菜づくりが不安だと農作業ができなくなり、足腰が弱くなるなどの心身に対する影響のほかに、荒れた農地が増えた。
・初めは違和感があった除染後の保管土や放射能の測定器が、いつの間にか日常の風景となってしまった。

・汚染土の処理が決まらず、広大な土地に黒い袋が積み上がってる風景が日常になった。
・新築住宅では室内干しの家が増加した。
・ソーラーパネルの設置が増えた。
・他県ナンバーの車両が目立つようになった。
・県外から多くの除染作業員が入ってきて、治安が心配になった。

原発事故による変化・影響（避難者）

・原発の被害裁判をしている人が身近にいるようになった。
・パチンコ店の駐車場に停まっている車の台数が増えた。
・浜通りの市町村を覚えた。
・一軒家を構える避難者家族に対する偏見がまだ地域でみられる。
・住み慣れた地域に戻れず、昔の思い出に思いを馳せながら看取りに至る利用者も少なくない。
・10年経過し、避難先での暮らしのほうが長くなった人も増えた。
・避難継続している人がまだたくさんいる。
・避難者は新しい生活を始めても、住所は変更できずにいる。
・ずっと売れなかった分譲地が避難者家族が購入し一気に新興住宅地になった。
・自宅が帰宅困難区域となり、農家を営んでいた人が避難を余儀なくされた。避難先には庭もなく草むしりさえもできない。草をむしりたくて、生えている草を追いかけて、知らぬ間に道路に出てしまい危険な目に遭ってしまった。高齢者が突然日常を奪われてしまい、未だ感情のコントロールはできない。

原発事故による変化・影響（その他）

・福島が"孤島"になりそうだったが、負けなかった福島の皆が愛おしかった。
・県外に行くと福島ナンバーと指を指された。
・天気予報と風向き予測がセットになった。
・10年経った今も入れない地域がある。
・海外の報道で、福島県が「FUKUSHIMA」「フクシマ」と書かれるものをみる機会が増えた。

いわき市版（生活編）

震災当時（地域・暮らし）

・県外の親戚や友人から避難を促されたが、そもそもガソリンが入手できず、避難のしようがなかった。

・県外の実家に帰ったら、「お前たちはいいな、毎月金がもらえて」といわれた。補償金をもらえる地域ではないことを説明したら驚かれた。

・いわき市は、海岸沿いは津波で集落が壊滅するなど、甚大な被害が出た。一方で、市街地は瓦が落ちたり、道路の一部が被害を受けたりしたものの、一見するとふだんどおりの風景だった。その落差が大きかった。

・電気、ガス、水道などのライフラインが失われ、ガソリンも手に入らず、スーパーに行っても食料品が何もない状況で、若い世代は飲料水や食料品の入手に必死になっていた。一方、自宅で留守番をしていた高齢者は、いまいち大震災被害の実感がなく、食料品が手に入らないと、「面倒だから手抜きしているんだろう」と言い放ち、世代間で口論になるケースがあちこちで散見された。

・震災直後、職場から出勤を命じられた。子どもの面倒をみられるものがいないため、出勤できないことを伝えたら、怒鳴られた。頑張って出ている同僚には申し訳ないと思ったが、家族を守るため、そのまま退職した。

・津波で罹災した利用者宅の清掃支援に行った際、利用者の家族より少し早く到着したところ、玄関の鍵が空いていた。玄関に入ろうとしたら、直後に背後から「ドロボウに入られた！」と家族の声が聞こえた。周囲の家がみんなドロボウに入られていた。

・市内のいたるところに、津波による家屋・家財の残骸を集める集積場が設けられた。野球のバッター席のネットよりもずっと高く積まれていた。

・津波が押し寄せて、その集落一帯が壊滅した。海のすぐ前に住んでいた男性は、たまたま病院に行っていて助かった。再会時、「受診は大事だな。また命を救われた」と笑っていた。家も思い出も流されてしまったが。

・全国から多くのボランティアに来てくれて、とても勇気づけられた。しかし受け入れる側が「なにを手伝ってもらえば助かるのか」を把握してなかったので、せっかくの支援が無駄になってしまうことも多かった。

震災当時（心と体）

・県外の親戚宅へ避難したら、職場から「卑怯者」といわれた。しばらく経って自宅へ戻ろうとしたら「戻るなんてとんでもない！」といわれた。自宅へ戻って職場に行ってみれば、「どのツラ下げて帰ってきたんだ」といわれた。何が正解だったのか。

・市内の透析施設が壊滅したので、関東の某県へ避難し、どうにか人工透析を続けられた。時間的に余裕がなく着替えしかもっていけなかった。避難先では噂を聞いた町内の人が次々に訪れ、手厚い支援をしてくれた。本当にありがたかった。

・あまりに現実感がない高齢者の発言に業を煮やし、本人を津波の被災地域にある、すべての棚が空になったスーパーマーケットやコンビニエンスストアへ連れてまわり、現場をみせた家族もいた。多くのケースで高齢者は不満をいわなくなったが、ショックでうつ症状を呈する人もでた。

・一時、「がんばろう〇〇！」という標語があちこちでみられた。最初はその言葉で気力を出すことができたが、次第に「どこまで頑張ればいいというのか」と、その言葉に疲れるようになった。

震災の後の変化（心と体）

・自宅2階のベランダから、津波の引波で流されている人をみた。その人は車の屋根に乗っていた。手を必死に伸ばしたが届かず、そのまま海のほうへ流されていった。助けられなかったことを今でも悔やんでいる。あの人はどうなったのか。

震災の後の変化（地域・暮らし）

・震災直後、自宅にこもっていたため、脚力の低下した人が増えた。地域の高齢者がこぞってデイサービスを利用するようになり、「自宅でのお茶飲み会」や「井戸端会議」がほぼ消滅した。介護サービスが普及した分、地域での横のつながりが弱くなり、互いに様子がわからなくなってしまった。新たに地域での見守り体制を考える必要がでてしまった。

震災の後の変化（その他）

・震災のあのとき、自分たち夫婦には子どもがいなかったため、利用者の支援に集中できた。その後、子どもが2人生まれ、いま同じような災害が起きたら、利用者の支援に集中できるのかどうかわからない。どのように避難するのか、仕事と家庭をどのような配分でこなすのか考えるようになった。

・「戦争よりも地震・自然災害のほうがずっと恐ろしい」と何人もの利用者にいわれた。理由を尋ねると、「災害は待ったなし。これより恐ろしいものがあるわけない。戦争や爆弾は避ける方法がある」と同じような答が返ってきた。

いわき市版（原発事故編）

原発事故による変化・影響（心と体）

・以前はきれいな棚田が広がっていたところが、一時は除染土を詰めた大きな黒い袋で埋め尽くされていた。あの異様な光景は今でも忘れられない。

・よくわからない放射能の影響を恐れて、市内への支援が滞るなか、即座にやってきた自衛隊の災害派遣部隊には、ありがたさを強く感じた。今後も自衛隊への感謝を忘れない。

・メディアも視聴率がとれるような報道が多く、いわき市の実情を取り上げてもらえなかった。見捨てられ感を強く感じた。

・「支援のため、決死の覚悟で福島県へ！」というテーマで、県外から支援に来てくれる人たちのエピソードが何度もテレビで流れた。私たちは決死の覚悟じゃないといられないような場所に住んでいるのか。

原発事故による変化・影響（避難者の受け入れ）

・いわき市へ避難してきた人が新たな家を求め、不況で売れ残っていた住宅地がわずかな期間で完売した。荒れ地が減ったものの地価が急騰し、元々いわき市に住んでいた人は、新居を購入しづらくなった。

・多くの避難者は、将来の生活再建のために賠償金を大切にしていた。しかし、一部の避難者が目立つ使い方をしたために、避難者がいわき市民から疎まれる事態が生じた。

・避難者の、被災したことや悔しさ、大変さ、故郷への思いは重々わかるが、被害者意識が強すぎて思いを受けきれないことがある。自分たちも同じ被災者なのに。

原発事故による変化・影響（その他）

・使わなくなったガイガーカウンターの処分をどうすべきか悩んでいる。

資　　料

出典：福島県「東日本大震災・原子力災害 10 年の記録」4 〜 11 ページ

地震・津波による被害状況

2011年（平成23年）3月11日に三陸沖を震源として発生した「平成23年東北地方太平洋沖地震」はマグニチュード9.0を記録し、国内観測史上最大級の地震となりました。
宮城県栗原市で最大震度7、県内11市町村で最大震度6強を記録し、激しい揺れとともに、広い範囲で大津波が押し寄せ、県全土に大きな被害を及ぼしました。

地震の概況・各地の震度

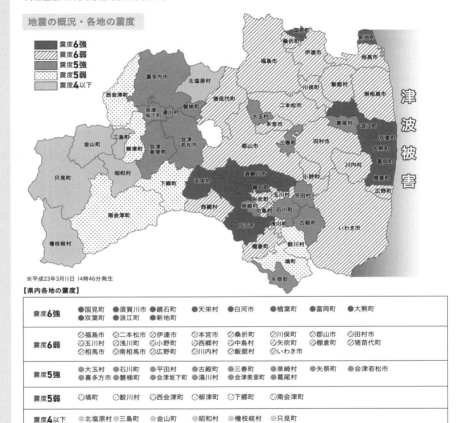

凡例：
- 震度6強
- 震度6弱
- 震度5強
- 震度5弱
- 震度4以下

津波被害

※平成23年3月11日 14時46分発生

【県内各地の震度】

震度6強	●国見町 ●須賀川市 ●鏡石町 ●天栄村 ●白河市 ●楢葉町 ●富岡町 ●大熊町 ●双葉町 ●浪江町 ●新地町
震度6弱	◯福島市 ◯二本松市 ◯伊達市 ◯本宮市 ◯桑折町 ◯川俣町 ◯郡山市 ◯田村市 ◯玉川村 ◯浅川町 ◯小野町 ◯西郷村 ◯中島村 ◯矢吹町 ◯棚倉町 ◯猪苗代町 ◯相馬市 ◯南相馬市 ◯広野町 ◯川内村 ◯飯舘村 ◯いわき市
震度5強	●大玉村 ●石川町 ●平田村 ●古殿町 ●三春町 ●泉崎村 ●矢祭町 ●会津若松市 ●喜多方市 ●磐梯町 ●会津坂下町 ●湯川村 ●会津美里町 ●葛尾村
震度5弱	◯塙町 ●鮫川村 ◯西会津町 ◯柳津町 ◯下郷町 ◯南会津町
震度4以下	◯北塩原村 ◯三島町 ◯金山町 ◯昭和村 ●檜枝岐村 ●只見町

地震の震源および規模等

地震名	平成23年東北地方太平洋沖地震 ※2011年4月1日に名称を「東日本大震災」と閣議決定。
発生時刻	2011年（平成23年） 3月11日（金）14時46分
発生場所	北緯 38度 06.2分 東経 142度 51.6分 深さ 24km
規模	マグニチュード 9.0
最大震度	7 （宮城県栗原市）

県内における地震の概況

最大震度 **6強**

最大継続時間 **190秒** （震度4以上）【いわき市小名浜】

観測された津波 **9.3m**以上 （相馬港2011年3月11日15時51分）

航空救助隊による救助（2011年3月12日）

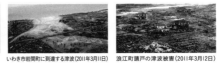
いわき市岩間町に到達する津波（2011年3月11日）

浪江町請戸の津波被害（2011年3月12日）

福島第二原子力発電所に押し寄せる大津波

▼ 人的被害
（2021年1月8日現在）

死　者	**4,147人** （うち、震災関連死※1：2,316人）
行方不明者※2	**0人**
重傷者	**20人**
軽傷者	**163人**

※1：震災関連死　地震などの直接的な被害によるものではなく、その後の避難生活での体調変化や過労など間接的な原因で死亡すること。
※2：行方不明者　明確に死亡が確認できる遺体が見つかっておらず、死亡届等も出ていない者。

提供：須賀川市

●長沼地域藤沼湖（須賀川市）の決壊現場
須賀川市長沼地域では、藤沼湖が決壊し、死者8人の被害が発生しました。

提供：白河市

●葉ノ木平地区（白河市）の地滑り現場
白河市葉ノ木平地区では、約75,000㎡の土砂が崩落し、死者13人の被害が発生しました。

▼ 住家・非住家被害
（2021年1月8日現在）

住家	全　壊	**15,435棟**
	半　壊	**82,783棟**
	一部損壊	**141,054棟**
	床上浸水	**1,061棟**
	床下浸水	**351棟**
非住家	公共建物	**1,010棟**
	その他	**36,882棟**

●県内3地方内訳　　全壊　半壊
（棟）

	会津地方	中通り	浜通り
全壊	24	5,184	10,227
半壊	162	36,596	46,025

建物の倒壊（須賀川市八幡町地内）

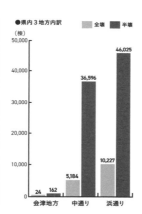

津波による床上浸水（小名浜港湾建設事務所）

▼ 公共施設被害

公共施設被害額（2020年7月6日現在）

約6,294億円

内　訳	
公共土木施設	**約3,162億円**
農林水産施設	**約2,753億円**
文教施設	**約379億円**

※県所管分：福島第一原子力発電所から30km圏内は、航空写真等により推定した概算被害額を計上。
※市町村所管分：南相馬市の一部および双葉8町村の概算被害額は含まれていない。
【出典】福島県東日本大震災復旧・復興本部　県土整備班

岩間佐糠地区海岸（いわき市）

永崎地区海岸（いわき市）

県道35号（双葉町、浪江町の境）

国道288号（双葉町）

相馬原釜地方卸売市場（相馬市）

県立岩瀬農業高等学校（鏡石町）

避難指示区域の状況

平成23年3月11日に発生した東日本大震災とその後の津波により、東京電力福島第一原子力発電所では外部電源を喪失。冷却機能が働かず、原子炉の損傷や放射性物質の放出・拡散の恐れが高まったことから、国は原子力緊急事態を宣言するとともに、周辺住民に対し避難や屋内退避の指示等を行い、翌4月には立入を禁止する警戒区域が設定されました。その後、除染に伴う空間放射線量率の低減や帰還環境の整備が進められたことにより避難指示の解除が進み、県土に占める避難指示等区域の面積は約12%から約2.4%に縮小しています。

●2011年（平成23年）4月23日時点

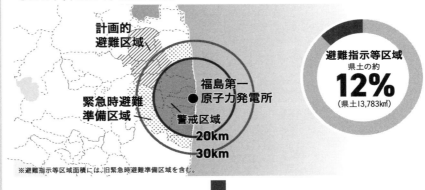

※避難指示等区域面積には、旧緊急時避難準備区域を含む。

●2020年（令和2年）3月10日時点

※帰還困難区域の面積には、特定復興再生拠点区域の面積を含む。

▼ 事故直後の福島第一・第二原子力発電所の状況・避難指示等

2011年（平成23年）		発電所の状況・避難指示等
3月11日	15時35分頃	福島第一原発に津波到達
	15時42分頃	福島第一原発1～5号機が全交流電源喪失
	19時 3分	福島第一原発・原子力緊急事態宣言
	20時50分	福島第一原発から半径2km圏内に避難指示
	21時23分	福島第一原発から半径3km圏内に避難指示、半径10km圏内に屋内退避指示
3月12日	5時44分	福島第一原発から半径10km圏内に避難指示
	7時45分	福島第二原発に原子力緊急事態宣言発令、福島第二原発から半径3km圏内に避難指示、半径10km圏内に屋内退避指示
	12時15分	福島第二原発・3号機原子炉が冷温停止
	15時36分頃	福島第一原発・1号機原子炉建屋で水素爆発
	17時39分	福島第二原発から半径10km圏内に避難指示
	18時25分	福島第一原発から半径20km圏内に避難指示
3月14日	11時 1分頃	福島第一原発・3号機原子炉建屋で水素爆発
	17時00分	福島第二原発・1号機原子炉が冷温停止
	18時00分	福島第二原発・2号機原子炉が冷温停止
3月15日	6時頃	福島第一原発・4号機原子炉建屋で水素爆発
	7時15分	福島第二原発・4号機原子炉が冷温停止
	11時00分	福島第一原発から20～30km圏内に屋内退避指示

▼ 避難指示区域の変遷

2011年（平成23年）
4月22日　緊急時の被ばく状況で放射線から身を守るための国際的な基準値（年間20〜100ミリシーベルト）を参考に、「計画的避難区域」、「緊急時避難準備区域」、「警戒区域」の3つの避難区域を設定。
9月30日　住民の生活環境の復旧目途（復旧計画）が決められたことから、「緊急時避難準備区域」が解除。
　　　　　【広野町、楢葉町、川内村、田村市、南相馬市】緊急時避難準備区域解除

2012年（平成24年）
4月 1日　住民の帰還に向けた環境整備と地域の復興再生を進めるため、「警戒区域」と「計画的避難区域」の一部を年間積算線量に応じて、「避難指示解除準備区域」、「居住制限区域」、「帰還困難区域」に見直し。
　　　　　【川内村】警戒区域を解除、避難指示区域を居住制限区域および避難指示解除準備区域に設定。
　　　　　【田村市】警戒区域を解除、避難指示区域を避難指示解除準備区域に設定。
4月16日　【南相馬市】警戒区域を解除、避難指示区域を帰還困難区域、居住制限区域および避難指示解除準備区域に設定。
7月17日　【飯舘村】計画的避難区域を避難指示解除準備区域、居住制限区域および帰還困難区域に見直し。
8月10日　【楢葉町】陸域の避難指示解除準備区域に見直し。前面海域の避難指示区域を解除。陸域および前面海域の警戒区域を解除。
　　　　　【富岡町、大熊町、双葉町および浪江町】
　　　　　福島第一原発から半径20km圏内の海域で、東経141度5分20秒（陸域から約5km）から東側の海域の避難指示区域および警戒区域を解除。
12月10日　【大熊町】陸域の避難指示区域を避難指示解除準備区域、居住制限区域および帰還困難区域に見直し。陸域の警戒区域を解除。

2013年（平成25年）
3月22日　【葛尾村】避難指示区域を避難指示解除準備区域、居住制限区域および帰還困難区域に見直し。警戒区域を解除。
3月25日　【富岡町】陸域の避難指示区域を避難指示解除準備区域、居住制限区域および帰還困難区域に見直し。陸域の警戒区域を解除。
4月 1日　【浪江町】陸域の避難指示区域を避難指示解除準備区域、居住制限区域および帰還困難区域に見直し。陸域の警戒区域を解除。
5月28日　【双葉町】陸域の避難指示区域を避難指示解除準備区域および帰還困難区域に見直し。前面海域の避難指示区域を解除。陸域および前面海域の警戒区域を解除。
8月 8日　【川俣町】避難指示区域を避難指示解除準備区域および居住制限区域に見直し。

警戒区域内の様子（2011年4月20日）　　　スクリーニングの様子（2011年3月23日）　　　ガソリンスタンド給油待ちの列（2011年3月21日）　　　避難のための患者搬送（2011年3月19日）

▼ 避難指示区域の解除・再編状況

2014年（平成26年）
4月 1日　【田村市】避難指示解除準備区域解除
10月 1日　【川内村】
　　　　　避難指示解除準備区域解除、居住制限区域を避難指示解除準備区域に再編

2015年（平成27年）
9月 5日　【楢葉町】避難指示解除準備区域解除

2016年（平成28年）
6月12日　【葛尾村】居住制限区域および避難指示解除準備区域解除
6月14日　【川内村】避難指示解除準備区域解除
7月12日　【南相馬市】居住制限区域および避難指示解除準備区域解除

2017年（平成29年）
3月31日　【川俣町、浪江町、飯舘村】
　　　　　居住制限区域および避難指示解除準備区域解除
4月 1日　【富岡町】居住制限区域および避難指示解除準備区域解除

2019年（平成31年）
4月10日　【大熊町】居住制限区域および避難指示解除準備区域解除

2020年（令和2年）
3月 4日　【双葉町】
　　　　　避難指示解除準備区域および帰還困難区域のうち双葉駅周辺解除
3月 5日　【大熊町】帰還困難区域のうち大野駅周辺解除
3月10日　【富岡町】帰還困難区域のうち夜ノ森駅周辺解除

**特定復興
再生拠点**

2017年（平成29年）5月、福島復興再生特別措置法の改正により、帰還困難区域内に、避難指示を解除し、居住を可能とすることを目指す「特定復興再生拠点区域」を定めることができるようになりました。双葉町が2017年（平成29年）9月、大熊町が同年11月、浪江町が同年12月、富岡町が2018年（平成30年）3月、飯舘村が同年4月、葛尾村の計画が同年5月に国の認定を受け、計画が認定された6町村で、区域内の帰還環境整備に向けた除染や建物解体などが進められています。

避難者数

県内外への避難者は2012年（平成24年）5月の16万4,865人をピークに減少していますが、現在でも約3万6千を超える方々が避難を続けています（2020年12月7日現在）。

避難者の推移　　【出典】福島県災害対策本部
「平成23年東北地方太平洋沖地震による被害状況即報」各月報

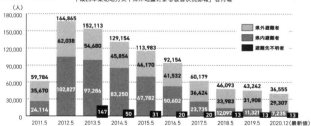

あづま総合体育館（2011年3月15日）

住環境の整備

東日本大震災および福島第一原子力発電所の事故直後、被災した双葉地域の方々の避難のため、県内各地に避難所が開設されました。緊急的な住宅対策として応急仮設住宅等を整備しました。その後、避難者や被災者の居住の安定を図るため復興（災害）公営住宅の整備を進めています。

○避難所

ビッグパレットふくしま

あづま総合体育館

災害時の避難場所として指定されている学校や体育館などの公的施設が1次避難所として利用されました（2011年12月28日に県内の1次避難所は全て閉鎖）。その後、応急仮設住宅に入るまでの避難場所として、行政が借り上げた旅館やホテルなどの民間の宿泊施設が2次避難所として利用されました（2012年2月21日に県内の2次避難所は全て閉鎖）。

○応急仮設住宅等

下川内仮設住宅団地（川内村）

高久第十仮設住宅団地（いわき市）
松長5号公園仮設住宅団地（会津若松市）

緊急的な住宅対策として、応急仮設住宅の供給、民間住宅の借り上げ等が行われ、避難所からの入居が進みました。

提供住宅ごとの最大入居者数等

	管理戸数	入居戸数	入居人数
仮設住宅	**16,800**戸 (2013年3月28日)	**14,590**戸 (2013年4月18日)	**33,016**人 (2012年7月26日)
借り上げ住宅		**25,554**戸 (2012年4月26日)	**64,313**人 (2012年3月29日)
公営住宅		**424**戸 (2012年2月28日)	**1,432**人 (2012年2月28日)

・移住促進のための応急仮設住宅再利用
福島県への定住や二地域居住を推進するため、役割を終えた応急仮設住宅の資材を再利用して、市町村が移住体験用の住宅を建設する取り組みへの支援も行っています。

○復興（災害）公営住宅

県内最初の復興（災害）公営住宅（郡山市日和田）写真提供：福島民報社

勿来酒井団地（いわき市）

復興（災害）公営住宅は「原発避難者向け」、「地震・津波被災者向け」、「帰還者向け」の大きく3つに区分けされ、そのうち「地震・津波被災者向け住宅」は全戸完成。「原発避難者向け住宅」も保留分を除き完成しました。

・地域別建設状況
※2020年（令和2年）12月末現在

うち帰還者向け住宅 進捗状況

市町村名	計画戸数	完成戸数
福島市	20戸	20戸
田村市	12戸	12戸
楢葉町	17戸	17戸
富岡町	154戸	154戸
川内村	10戸	0戸
大熊町	132戸	132戸
浪江町	191戸	191戸
葛尾村	11戸	11戸
飯舘村	53戸	53戸
双葉町	86戸	0戸

● 原発避難者向け住宅 ……………………………【15市町村】
4,767戸完成/4,890戸整備予定（保留分を除き全戸完成）

● 地震・津波被災者向け住宅 ……………………【11市町村】
2,807戸全戸完成

○ 帰還者向け住宅 ……………………………【10市町村】
590戸完成/686戸整備予定

医療機関・介護施設の再開、開設

帰還された住民の方々、避難されている方々に対する医療提供体制と介護サービスの確保に取り組んでいます。避難指示等が解除された市町村（双葉町を除く）では、ふたば医療センター附属病院をはじめとする医療機関が再開・開設され、住民の健康を支えています。介護施設については、再開した施設が事業を継続できるよう、必要な支援に取り組んでいます。

市町村名	病院、歯科、調剤薬局、介護施設			
南相馬市（小高区）	●市立総合病院附属小高診療所(2019.8開設) ●小高調剤薬局(2017.4再開)	●もんま整形外科医院(2016.4再開) ●(特養)梅の香(2018.4開設)	●半谷医院(2016.4再開)	●今村歯科・矯正歯科医院(2018.8開設)
浪江町	●浪江町国民健康保険浪江診療所(2017.3開設)		●豊嶋歯科医院(2018.8再開)	
大熊町	●大熊町診療所(2021.2開設)			
富岡町	●ふたば医療センター附属病院(2018.4開院) ●穴田歯科医院(2020.4再開)	●(医)邦諭会 とみおか診療所(2020.10開設) ●さくら歯科(2020.5再開)	●富岡中央医院(2017.4再開)	●さいとう眼科(2021.3再開)
楢葉町	●ときクリニック(2015.10再開) ●JFAメディカルセンター(2021.3再開)	●ふたば医療センター附属ふたば復興診療所(ふたばリカーレ)(2016.2開設) ●蒲生歯科医院(2016.7再開)	●鈴木診療所(2019.4開設) ●ならは薬局(2020.6開設)	●(特養)リリー園(2016.4再開)
広野町	●高野病院(震災後も継続して開所) ●広野薬局(2012.1再開)	●訪問看護ステーションたかの(2018.1開設) ●(特養)花ぶさ苑(2012.4再開)	●馬場医院(2011.8再開) ●広野町保健センター(2012.4再開)	●新妻歯科医院(2014.7再開)
川内村	●川内村国民健康保険診療所(2012.4再開)	●(特養)かわうち(2015.11開設)		
田村市	●市立都路診療所(2011.7再開)	●市立都路歯科診療所(2011.7再開)	●(特養)都路まどか荘(2012.3再開)	
葛尾村	●葛尾村診療所(2017.11開設)	●葛尾歯科診療所(2016.7再開)		
川俣町	●川俣町国民健康保険山木屋診療所(2016.10再開)			
飯舘村	●いいたてクリニック(2016.9再開)	●(特養)いいたてホーム(震災後も継続して開所)	●あがべこ訪問看護ステーション(2020.8開設)	

【11市町村詳細マップ】

● 病院・診療所・訪問看護ステーション
◎ 歯科医院
○ 薬局
◍ 介護施設

ふたば医療センター附属病院

ふたば医療センター附属ふたば復興診療所
（ふたばリカーレ）

多目的医療用ヘリの運航

2018年（平成30年）10月、ふたば医療センター附属病院を基地病院とした多目的医療用ヘリの運航を開始しました。浜通りの医療機関と県立医科大学などの高度専門的な治療が行える医療機関間の患者搬送が可能となりました。

公設商業施設等の整備

避難指示等が解除された地域では、帰還後に営業を再開した商店や、市町村が設置し民間に運営を委託する商業施設等の整備が進んでいます。

営業中

1.セデッテかしま（南相馬市鹿島区）開店日:2015.4.25
2.おおまちマルシェ（南相馬市原町区）開店日:2016.4.2
3.道の駅南相馬（南相馬市原町区）開店日:2007.10.4
4.小高ストア（南相馬市小高区）開店日:2018.12.6
5.まち・なみ・まるしぇ（浪江町）開店日:2016.10.27
6.道の駅なみえ（浪江町）開店日:2020.8.1
7.双葉町産業交流センター(F-BICC)（双葉町）開館日:2020.10.1
8.大川原地区仮設商業施設（大熊町）開店日:2019.7.11
9.さくらモールとみおか（富岡町）開店日:2016.11.25
10.さくらステーションKINONE（富岡町）開店日:2017.10.21
11.ここなら笑店街（楢葉町）開店日:2018.6.26
12.道の駅ならは（楢葉町）開店日:2019.4.25
13.ひろのてらす（広野町）開店日:2016.3.5
14.ショッピングセンターYO-TASHI（川内村）開店日:2015.7.31
15.あれ・これ市場（川内村）開店日:2012.7.29
16.Domo（ど〜も）岩井沢店（田村市都路町）開店日:2014.4.6
17.葛尾村復興交流館あぜりあ（葛尾村）開館日:2018.6.16
18.とんやの郷（川俣町山木屋地区）開店日:2017.7.1
19.いいたて村の道の駅までい館（飯舘村）開店日:2017.8.12

【公設商業施設等の配置図】

● 営業中
● 終了

終了 ※本設の商業施設のオープンや民間の商業施設の営業に伴うもの

1.東町エンガワ商店（南相馬市小高区）2015.9.28〜2018.12.5
2.仮設商業店舗「ここなら商店街」（楢葉町）2014.7.31〜2018.6.9
3.Domo（ど〜も）古道店（田村市都路町）2014.4.6〜2019.7.15

小・中学校の再開、高等学校の開校

震災後、各校はそれぞれ避難先で運営を再開しました。双葉町と大熊町を除く10市町村の小・中学校は各市町村内で再開しています。双葉町と大熊町の小・中学校は避難先で運営が続けられ、浪江町と富岡町の小・中学校は避難先でも運営されています。また、南相馬市（小高区）には県立小高産業技術高等学校、広野町には県立ふたば未来学園中学校・高等学校が開校しました（2021年1月末現在）。

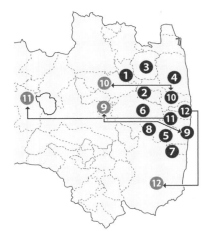

葛尾幼稚園・小学校・中学校再開式

いいたて希望の里学園開校式

小高産業技術高等学校開校式

ふたば未来学園中学校開校式・中学校高等学校入学式

市町村	地元で学校を再開			避難先で学校を継続	
	校名		再開日	校名	
①川俣町（山木屋地区）	●山木屋小中学校（小中一貫校、小学校については2019年4月から休校）		2018.4	－	
②葛尾村	●葛尾小学校	●葛尾中学校	2018.4	－	
③飯舘村	●草野小学校・飯樋小学校・臼石小学校　●飯舘中学校 （2020年4月に4校が統合して「いいたて希望の里学園（義務教育学校）」が開校）		2018.4	－	
④南相馬市（小高区）	●小高・福浦・金房・鳩原小学校（小高小学校での4校合同運営）　●小高中学校		2017.4	－	
	●小高産業技術高等学校		2017.4		
⑤楢葉町	●楢葉南・北小学校（2校合同運営）●楢葉中学校		2017.4	－	
⑥田村市（都路地区）	●古道小学校・岩井沢小学校（2017年4月に「都路小学校」に統合）　●都路中学校		2014.4	－	
⑦広野町	●広野小学校	●広野中学校	2012.8	－	
	●ふたば未来学園中学校・高等学校（中学校は2019年4月開校）		2015.4		
⑧川内村	●川内小学校	●川内中学校	2012.4	－	
⑨富岡町	●富岡第一・第二小学校 富岡校	●富岡第一・第二中学校 富岡校	2018.4	●富岡第一・第二小学校 三春校	●富岡第一・第二中学校 三春校
⑩浪江町	●なみえ創成小学校	●なみえ創成中学校	2018.4	●津島小学校（二本松市で再開）	
⑪大熊町	－		－	●熊町・大野小学校（会津若松市で再開）	●大熊中学校（会津若松市で再開）
⑫双葉町	－		－	●双葉南・北小学校（いわき市で再開）	●双葉中学校（いわき市で再開）

(2021年1月末現在)

被災地域等における治安の確保

震災以降、全国から多くの警察官（愛称「ウルトラ警察隊」）の応援を受け、被災地のパトロールや復興公営住宅などへの巡回連絡、国・自治体・民間ボランティアと連携した防犯・交通事故防止対策など、避難者・帰還者の安全を守るための活動を続けています。
また、2017年（平成29年）3月30日に双葉警察署の本署機能を楢葉町の臨時庁舎から富岡町の本庁舎に移転し、避難指示区域等における警戒体制を強化するなど、復興を治安面から力強く支えています。

被災地のパトロール

富岡町で業務を再開した双葉警察署

被災者支援

▼ 被災者の見守り活動・健康支援、心のケア

● 被災者健康支援活動

避難生活における生活習慣病の予防やこころの健康を保持するため、仮設・借上住宅、復興公営住宅などへの家庭訪問や、仮設住宅などの集会場を利用した健康教室、健康相談などを市町村と連携しながら実施してきました。

● 生活支援相談員

2011年8月から市町村社会福祉協議会など（2021年2月1日現在：22市町村社会福祉協議会）が順次、生活支援相談員を配置し、被災高齢者などの孤立の防止や自立支援のため、応急仮設住宅などを個別訪問し、住民の見守り活動を行っています。さまざまな相談を受けるとともに、必要な関係機関につなぐなど、安心して暮らせるよう生活支援を行っています。

● 高齢者等サポート拠点

帰還された高齢者の生活を支援するため、「高齢者等サポート拠点」を設置し、生活相談や交流の場の提供、健康教室などを実施しています。

● コミュニティ交流員

復興公営住宅を中心とする生活拠点におけるコミュニティの維持・形成を図るため、コミュニティ交流員を配置し、交流活動の企画・運営、団地の自治組織の立上げや地域との対話の場づくりを進めるなど、入居者同士や地域住民との交流活動の支援を行っています。

● 心のケアセンターによる相談・支援

心のケアの活動拠点として、県内6ヶ所（福島市・郡山市・会津若松市・南相馬市・いわき市・富岡町）に「心のケアセンター」を設置しています。震災や原発事故により強いストレスを受けている方の心のケアを行うため、精神保健福祉士や臨床心理士などの専門職員が、市町村や関係団体と連携し、個別訪問などの相談活動を実施しています。また、一般社団法人日本精神科看護協会などに委託し、福島県外へ避難されている方へ心のケアのための訪問を実施しています。

● 全国の生活再建支援拠点

県外に避難されている方が、避難先での生活再建や帰還に向けた相談・情報収集ができるよう、全国26ヶ所に「生活再建支援拠点」を設置しています。対面や電話による相談対応、交流会の開催などを行っています。

● 復興支援員

関東各都県・山形県・新潟県に復興支援員を配置し、県外駐在員と共に避難者への戸別訪問や相談対応などを行っています。

▼ 避難者への情報提供

● 避難者向け情報誌の送付

県内外に避難されている方や、被災者・避難者支援に携わる多くの方へ、避難者支援の状況や福島の動きなどが分かる情報誌「ふくしまの今が分かる新聞」をお届けしています。

● 広報誌の送付

避難されている方に本県の復興状況や復興に向けた取り組みなどを知っていただくため、毎月、県や市町村の広報物を送付しています。

● 「帰還支援アプリ」による情報提供

避難地域や自主避難者が多い市町村の住民向けに、スマートフォン用アプリ「帰還支援アプリ」を開発し、2015年（平成27年）11月から配信しています。避難先の公共施設、仮設商店の情報やイベント情報、避難元で再開している施設など、県内30市町村の情報を提供しています。

● 地元紙の送付

県外へ避難されている方に、福島の情報に触れていただき、ふるさととのつながりを感じていただけるよう、地元紙を全国の公共施設などに送付しています。

▼ 避難者支援団体への支援

● 県外避難者帰還・生活再建支援補助金

県外に避難されている方が、安心して暮らし、将来的に帰還や生活再建につながるよう、県外の避難者支援団体などによる避難先での支援活動に対し助成を行っています。

● 県内避難者・帰還者等心の復興事業補助金

県内で避難されている方や、避難指示解除等により帰還された方が主体的に参加し、人と人とのつながりや生きがいを持つための避難者支援団体などによる活動に助成を行っています。

▼ 福島県原子力損害対策協議会の活動

福島県では、原子力損害の的確な賠償が迅速かつ十分になされるよう、市町村や関係団体とともに福島県原子力損害対策協議会を2011年（平成23年）5月2日に設置し、国や東京電力への要望、要求活動を行っています。

要望活動の様子

あとがきにかえて

　あの大きな被害をもたらした東日本大震災と福島第一原子力発電所の事故から11年が経ちました。今年の3月には、またもや震度6強の地震が福島県を襲い、津波から立ち上がりやっと建て直した家屋を倒壊させ、修理が終わって稼働し始めた多くの施設をまたもや休業に追い込みました。それでも日々の生活は続いていきます。

　東日本大震災から10年目を迎えた年、福島県介護支援専門員協会では「自分たちの経験を残したい」また「この経験から伝えられることがあるはず」との思いから、書籍の発刊に向けて動き出しました。当初、事例には地域ごとの特色が出せるのではないかと考えておりました。しかしながら、実際には、地域ごとの特色というよりは、個別の事情やその思いが大きいものばかりものでした。

　その中には、県外の方にはあまり届いていなかったことがたくさんあります。そこで、福島県のこれまでの経過や現状についても少し報告させていただいた方がいいと考え、ここに書かせていただくことになりました。少しの間お付き合いください。

図　震災直後から今に至る福島県の人口の変化（人）

平成20年10月1日現在	2,043,000
平成21年10月1日現在	2,030,000
平成22年10月1日現在	2,016,618
平成23年10月1日現在	1,981,000
平成24年10月1日現在	1,955,000
平成25年10月1日現在	1,939,000
平成26年10月1日現在	1,936,630
平成27年10月1日現在	1,914,039
平成28年10月1日現在	1,900,253
平成29年10月1日現在	1,881,382
平成30年10月1日現在	1,851,000
令和元年10月1日現在	1,831,000
令和2年3月1日推計	1,836,324
令和3年4月1日推計	1,818,818
令和4年4月1日推計	1,796,497

福島県統計課データより抜粋

　図に示したデータを見ていただくとわかる通り、福島県の人口は現在180万人を割り込み、震災当時に比べ1割もの人口が減っています。さらに老年人口の比率は高く、特に避

難指示が解除された地域に帰還してきた方は、さらにその傾向が顕著となっています。

　そこには、避難が解除されても、故郷に帰還できない事情が関係しています。避難先の生活の中で暮らしの基盤を新しく作らざるを得ず、就職や起業した方は、帰還できるようになっても、せっかく苦労して築き上げたその縁を捨ててまで帰還する選択をするのが難しいことは当然のことといえるでしょう。また、避難先で誕生した子どもたちにとっては、友達と離れて馴染みのない土地への引越しを嫌がったり、不安を持つ場合も多いのです。若い世代にとっては就労の場も少ないことが帰還を難しくしています。さらに、除染したので安全だと言われても、その地域は生活に必要な医療をはじめとする環境整備がまだまだ不十分な状況なのです。そのため帰還してくる方の多くが、土地に強い愛着をもつ世代や、以前と同様の仕事をその土地で再開しようと考える方がほとんどを占めています。

　だからといって避難先でうまくいっている人ばかりではありません。事例で紹介したように、原発事故による避難生活は、多大な苦労をもたらすとともに「保障」という金銭的な課題ももたらしたのです。大金を手にしたことがきっかけとなって家族関係がぎくしゃくし、場合によっては家族崩壊してしまった例や、さまざまな手口でそのお金をだまし取られたり、アルコールやギャンブルの依存症になった例もたくさん見聞きしました。

　事故後、避難指示が出された地域に居住していた住民は、まさか避難がこれほど長期にわたることになるとは夢にも思わないまま、家を出ました。大地震の直後です。取る物も取り敢えず、避難所に向かったのです。避難指示地域にあった留守宅には多くの空き巣が入って、大切な物を盗まれる被害が多発した上に、イノシシをはじめとした害獣に荒らされ、以前の姿とは大きく様変わりしてしまいました。

　さらには、避難をする中で体調を崩し、家族も知人もいないところで療養せざるを得なくなった方や、お薬手帳を持たず自分がどんな薬を服用しているのかわからないまま、薬がなくなってしまい、受診しようにも紹介状がなく、保険証すら持ち出せなかった方もいたのです。避難先で自分の体調を維持することはとても大変でした。急激に認知症が進み、地縁血縁もあいまいになった人もいて、その方を支えることはとても大変でした。

　また、ペットや家畜を同行させられず、残したままで餓死をした姿に涙を流しながら謝る姿も忘れられません。地震にも耐え、津波被害もなかったものの、無農薬で大切に育ててきた農作物が被ばくしたことで、将来をはかなんで自死を選んだ農家の方もいました。

　避難を余儀なくされた方と同時に、避難者を受け入れた地域も大震災の影響にさらされていました。一時的に定員を超える入所が認められ個室対応の特養で二人部屋にしてケアの提供をすることとなりましたが、それに合わせてスタッフの定員数が多くなるわけではなく、またいつまでこの状態が続くのかわからないまま、目の前にいる方を支えるために受け入れていったのです。入所に限らず、通所の利用に関しても、従来の利用者に加えて

避難してきた方の受け入れをしなくてはなりません。各自治体で計画していた整備計画などは、無視するしかありませんでした。一方で看護・介護の担い手であった若い女性や、小さい子どもを抱える方は県外避難を選ぶ方も多く、現場の人手不足は深刻でした。特に訪問介護は提供体制に合わせてサービスを組まざるを得ず、利用者の希望はあってもそこに沿うことはできませんでした。こんなケアプランを組むしかないと、苦しい胸の内を語ってくれたケアマネジャーの声が忘れられません。

　原発事故のために避難を強いられた方は、気候風土の似通った浜通り（いわき市）での避難生活を選ぶ方も多く、みなし仮設（民間のアパートや借家の家賃補助があった）にはじまり、その後は新築ラッシュとなりました。そのことがまた、地元の「保障」がない方との間の軋轢となってしまいました。いわき市も津波被害は大きなところだったからです。これまでよりも、家賃も地価も高騰していったのです。もちろん原発避難者の間にも格差は広がってきました。前述のように、だまされ大金を失ってしまったり、家族間のトラブルで孤立したり、仮設住宅の耐用年数をはるかに超える10年近くも住み続ける方もいらっしゃいました。

　私たち介護支援専門員は被災者でありながら支援者でもありました。事例を書いてほしいと依頼してもなかなか数が集まらなかった背景には、このときの苦しい体験があったのではないかと思います。自分自身の生活や家族の心配をしつつ、利用者のために動いたつもりであっても、震災や避難生活というさまざまな条件の中では、相手の望むようにはできなかったのです。自分のできることの限界に悔しい思いを何度もしたでしょうし、実際に利用者家族から非難をされる体験をした方もいます。誰が悪いわけでもなく、鬱憤をぶつけられただけかもしれませんが、辛くなかったはずがありません。まだまだその傷が癒えてはいないのでしょう。

　福島県には会津があります。25年ほど前、九州の方に「えっ、会津って福島県にあるの？」と言われたことがあります。会津は全国的にも有名な観光地でした。海外からも多くの観光客が訪れる地域でした。「フクシマ」が有名になるということは同時に「原発事故の影響がある」という認識を呼びました。会津地方は幸いにも震災の影響も、放射線の影響も少なくて済みました。しかし、「フクシマ」というひとくくりで語られ、観光業は多大な影響を受け、倒産するところも多く出ました。
　また福島は果樹や美味しい米をはじめとする農業県でもありました。米は全袋検査にて放射線被害がないことを証明するしかありませんでした。県民ですら県産品を避ける動きもあり、いくら品質の良いものであっても市場では買いたたかれることが続いています。

輸入制限も続き、いくら良いものを作ってもそれを販売できない状況が、今も続いているのです。

　すでに東日本大震災から 11 年が過ぎ、復興という言葉も聞き飽きたと感じる人もいるかもしれません。しかし福島はまだまだ渦中にいるのです。毎日空間放射線量の値がニュースで流されています。県内のあちこちに空間放射線量を表示するモニタリングポストが設置されました。その多くが耐用年数を過ぎても撤去に不安を持つ住民の要望に応えていまもなお稼働しています。原子力発電所の廃炉への道すじも、まだはっきりとは見えないまま、貯まり続けた汚染水の海上放出が始まろうとし、やっと再開した漁業者の反対を受けています。

　今、日本各地で大きな自然災害が多発しています。地震のニュースも頻度を増してきているように感じます。いつどんなことが起きるのか、現在の生活を脅かすかもわからないのです。だからこそ、今できること、しなければならないことは何か、自分の身近に起こるかもしれない災害にどう備えるのか、そのときにどう自分の心身を守るのか、本書がそうしたことを考えるきっかけになれば幸いです。

一般社団法人福島県介護支援専門員協会

書籍編集委員会委員長

吉田　光子

編集・編著・編集委員一覧

編集
一般社団法人福島県介護支援専門員協会 書籍編集委員会

編著
千葉喜弘（しらかわ介護福祉専門学校 前校長、一般社団法人福島県介護支援専門員協会 前会長）
笠松信幸（一般社団法人日本介護支援専門員協会 常任理事、一般社団法人北海道介護支援専門員協会 副会長、かさまつケアオフィス合同会社 代表）
八木亜紀子（福島県立医科大学放射線医学県民健康管理センター 特任准教授、アアリイ株式会社 代表取締役）

編集委員（○は委員長を示す）
○吉田光子（郡山ソーシャルワーカーズオフィス、一般社団法人福島県介護支援専門員協会 専務理事）
　逸持治典子（会津長寿園指定居宅介護支援事業所、一般社団法人福島県介護支援専門員協会 副会長）
　竹田匡志（有限会社タロサ ケアプランタロー、一般社団法人福島県介護支援専門員協会 副会長）
　愛澤俊行（相馬市地域包括支援センター、一般社団法人福島県介護支援専門員協会 理事）
　田中嘉章（福島市在宅医療・介護連携支援センター、一般社団法人福島県介護支援専門員協会 理事）

編集元紹介
一般社団法人福島県介護支援専門員協会
2003年6月に福島県介護支援専門員連絡協議会として発足。12の地域協議が支部組織となり2009年11月に「一般社団法人福島県介護支援専門員協会」として法人化を果たした。福島県より介護支援専門員の法定研修「専門研修課程Ⅰ」「専門研修課程Ⅱ」「主任介護支援専門員研修」「主任介護支援専門員更新研修」を受託。その他、介護支援専門員の資質向上のためキャリア形成事業として12項目の研修を提供。
2013年5月東日本大震災における被災者支援等に対する厚生労働大臣感謝状授与。
会員数は1690名（2022（令和4）年3月31日現在）。

事務所所在地
〒963-8045
福島県郡山市新屋敷1丁目166番Sビル B号
電話：024-924-7200
FAX：024-924-7202
URL：https://fcma.jp

災害時における介護支援専門員の役割
あのときの私たち、福島で起きたこと

2022年7月10日　発行

編　　集　　一般社団法人福島県介護支援専門員協会
発行者　　荘村明彦
発行所　　中央法規出版株式会社
　　　　　〒110-0016
　　　　　東京都台東区台東3-29-1 中央法規ビル
　　　　　TEL 03-6387-3196
　　　　　https://www.chuohoki.co.jp/

印刷・製本　　日経印刷株式会社

ISBN 978-4-8058-8728-8